BRIGITTE HAHN

Natürlich genießen:

EINE REISE IN DIE WELT DES TEES

BRUNNEN
Verlag GmbH · Giessen

Über die Autorin

Brigitte Hahn, geboren 1957, arbeitet freiberuflich als Autorin, Übersetzerin und Lektorin. Dank ihrer Mitarbeit im internationalen Tee-Handelsunternehmen Ronnefeldt wurde ihre Liebe zum Tee durch ein breites Expertenwissen vertieft. Gemeinsam mit ihrem Mann zelebriert sie am liebsten eine typisch englische Tea Time.

© 2022 Brunnen Verlag GmbH
Lektorat: Konstanze von der Pahlen
Gestaltung: Daniela Sprenger
Umschlagfoto: Adobe Stock
Fotos Innenteil: Adobe Stock, S. 65 + 121 © J. T. Ronnefeldt KG
Druckerei: Graspo, Tschechien
ISBN Buch 978-3-7655-3290-0
ISBN E-Book 978-3-7655-7653-9
www.brunnen-verlag.de

INHALT

EINLEITUNG

*Ob ich morgen leben werde, weiß ich freilich
nicht. Aber dass ich, wenn ich morgen lebe,
Tee trinken werde, weiß ich gewiss.*

Gotthold Ephraim Lessing

Mir geht es so wie dem berühmten Dichter Gotthold
Ephraim Lessing: Tee in seinen verschiedenen Facet-
ten begleitet mich schon lange durch meinen Alltag. In
meiner Kindheit waren es die oft abenteuerlichen und
nicht immer wohlschmeckenden Kräutermischungen,
die meine Mutter für alle möglichen Wehwehchen zusammengestellt hatte.

Später, bei meinen Aufenthalten in England und Norddeutschland, habe ich den „richtigen" Tee, in diesem Fall Schwarztee, für mich entdeckt. Dann begann ich, bei Ronnefeldt, einem internationalen Teehandels-Unternehmen, mitzuarbeiten. Durch meine Tätigkeit erfuhr ich, wie geschichtsträchtig und facettenreich dieses Kulturgetränk ist. Und so entwickelte ich mich in den letzten zehn Jahren von der Tee-Liebhaberin zur Tee-Kennerin.

Die tägliche Berührung mit diesem spannenden Produkt hat bei mir die Begeisterung für guten Tee noch gesteigert. Aber woher rührt die Faszination, die von der Tee-Welt ausgeht? Und wie kommt es, dass Tee – nach Wasser – auf der ganzen Welt das beliebteste Getränk ist? Was macht Tee so einzigartig?

VIELFALT AUS NUR EINER PFLANZE

Auf diese Fragen gibt es viele Antworten. Mich begeistert zum Beispiel die erstaunliche Vielfalt, die aus nur einer Pflanze und ihren Unterarten entsteht. Allein die „Klassiker" unter den Teesorten sind von ihrem Charakter und Geschmack her so unterschiedlich, dass ich für jede Stimmung, jede Tageszeit und jeden Anlass einen anderen Tee aufbrühen kann.

Bin ich müde und erschöpft, erfrischt mich ein hellgrün leuchtender Matcha. Nach einem guten Essen ist ein würziger Chai eine gute Alternative zum Espresso. Wenn ich mich mit einem guten Buch auf mein Sofa zurückziehe, inspiriert mich der feine Duft eines Earl Grey. Will ich den Tee zelebrieren, wie es die Chinesen tun, ist der sanfte Oolong meine beste Wahl.

Auf unserer Reise in die Welt des Tees werden Sie erfahren, was genau hinter diesen exotisch klingenden Namen steckt.

GESCHICHTE UND GESCHICHTEN RUND UM DEN TEE

Eine jahrtausendealte Tradition hinterlässt ihre Spuren im Leben von Menschen und so ranken sich um den Tee viele Mythen, Sagen und Legenden. Ohne diese Geschichten wäre der Tee nur halb so einzigartig und geheimnisvoll. Ich möchte hier nur ein paar Beispiele nennen, denn so manche dieser Erzählungen wird Ihnen auf unserem weiteren Weg durch die Tee-Welt wieder begegnen.

Natürlich denke ich zuerst an die Legende von jenem chinesischen Kaiser, der vor fast fünftausend Jahren durch einen merkwürdigen „Zufall" den Tee entdeckt haben soll. Spannend ist auch die Geschichte der findigen englischen Botaniker und Missionare, die abenteuerliche Touren nach China unternahmen und dann Teepflanzen nach Indien schmuggelten.

Fast zum Schmunzeln dagegen ist die Anekdote von der hungrigen Herzogin, der die Briten ihre unverwechselbare Tradition des „Afternoon Tea" verdanken.

EIN PAAR WEGWEISER FÜR DIE REISE

Auf unserer Reise durch die Welt des Tees werde ich Sie in verschiedene Regionen mitnehmen und Ihnen zeigen, wie die Menschen dort Tee-Kultur leben und er-le-ben, wie sie Tee zubereiten oder in besonderen Momenten auch zelebrieren.

Über Teeregionen, Anbau- und Herstellungsmethoden gebe ich nur einen kleinen Überblick, denn solche Beschreibungen finden Sie zahlreich in guten Fachbüchern, von denen ich Ihnen am Ende unserer Reise ein paar nennen werde. Trotzdem möchte ich vor unseren Weg in die Tee-Welt für Sie ein paar „Wegweiser" aufstellen.

WAS IST TEE UND WAS IST ER NICHT?

Worüber sprechen wir, wenn wir den Begriff „Tee" verwenden? Schließlich gibt es nicht nur eine Sorte, sondern eine riesige Vielfalt. Neben den „Klassikern" wie grünen und schwarzen Tees finden wir in der Tee-Welt auch weiße Tees, Oolongs, Rooibos-Tees, Kräuter- und Früchtetees und vieles mehr.

Streng genommen sind die letzten drei keine Tees, sondern „teeähnliche Getränke" oder Aufgüsse aus Pflanzen- und Früchteteilen. Als „Tee" bezeichnet die Fachwelt ausschließlich einen Aufguss aus Blättern und Blattknospen der immergrünen Teepflanze, von der heute zwei Hauptarten existieren, und zwar *Camel-*

Teegarten in Porto Formoso, Azoren

lia Sinensis und *Camellia Assamica*. Von diesen beiden Hauptpflanzen gibt es noch weitere Varianten, die vergleichbar sind mit den verschiedenen Rebsorten beim Weinanbau.[1]

Auf unserer Reise werden wir bis auf wenige Ausnahmen nur den „richtigen" Tees begegnen.

WO WIRD TEE ANGEBAUT?

Am besten gedeiht die Teepflanze in tropischen und subtropischen Klimazonen mit ganz bestimmten klimatischen Bedingungen und in Regionen mit Monsunklima, sowohl im Gebirge als auch im Flachland. Bis heute befinden sich in Ländern wie China, Indien, Sri Lanka (Ceylon) und Japan die größten und bekanntesten Teeanbaugebiete. Aber auch in Taiwan, Vietnam, Nepal, Afrika und sogar Neuseeland wird Tee produziert.

Weniger bekannt ist jedoch, dass Tee auch vor unserer Haustür angebaut wird. Eine überraschende Tatsache, denn bei uns in Europa fehlen fast überall die klimatischen Voraussetzungen dafür. Und doch gibt es sie, ein paar kleine, aber feine Teegärten, in denen Teepflanzen kultiviert werden und der daraus gewonnene Tee auch vermarktet wird.

Ein kurzer Abstecher in die Teegärten Europas führt uns zunächst auf die Azoren, eine zu Portugal gehörende Inselgruppe. Das milde Klima dort ist ideal für den Teeanbau. Auf der Insel São Miguel befinden sich die Teemanufakturen Chá Gorreana und Chá Porto Formoso. Die beiden Familienbetriebe produzieren zwar nur kleine Mengen, dafür aber in Bio-Qualität und nach streng ökologischen Methoden. In beiden Manufakturen wird eine Gesamtmenge von etwa 40 Tonnen im Jahr erzeugt. Der Teegarten Chá Gorreana ist zu einer echten Touristenattraktion geworden. Die Besucher des Geländes können nach einer Besichtigung die feinen Tees probieren und als Souvenir auch mit nach Hause nehmen.[2]

Cream Tea in Cornwall

Auch Engländer, bekannt für ihren unermüdlichen Tee-Durst, haben versucht, in ihrer Heimat Tee anzubauen. Während des Zweiten Weltkriegs gab es erste Projekte, die jedoch bald wieder aufgegeben wurden, weil der aus Übersee importierte Tee preiswerter war.

Erst seit 1999 werden auf dem Landgut Tregothnan im südenglischen Cornwall Teepflanzen gezüchtet und kultiviert. Neben ihrem eindrucksvollen botanischen Garten betreibt die Familie Boscawen inzwischen einen exklusiven Teegarten, in dem etwa zehn Tonnen Tee jährlich geerntet und werbewirksam vermarktet werden.

So exklusiv wie die Lage sind auch die Preise für die auf dem Familiensitz der Boscawens produzierten Sorten, überwiegend Klassiker wie grüne und schwarze Tees, die teilweise zu „Blends", also Mischungen mit Teeblättern aus Indien oder China, verarbeitet werden.

In der Familiengeschichte der Boscawens findet sich noch eine weitere direkte Verbindung zum Thema Tee. Zu ihren Vorfahren zählt der berühmte Premierminister Charles Grey, der zweite Earl Grey, nach dem die gleichnamige Teesorte benannt ist.[3] Adel verpflichtet, sogar beim Tee!

Vielleicht konnte ich mit diesem kleinen Einblick ihre Neugier auf das wecken, was nun auf Sie zukommt.

Machen Sie sich bereit, denn jetzt kann sie beginnen, unsere Reise in die Welt des Tees!

CHINA
Das Mutterland des Tees

Li Shen ist Taxifahrer in Peking. Sein Beruf bringt es mit sich, dass er sehr früh morgens aus dem Haus muss und abends erst spät Feierabend hat. Ohne seinen Thermosbecher verlässt er nicht seine Wohnung. Nach dem Frühstück füllt er den Becher mit den Blättern seines Lieblingstees. „Ich habe gern Abwechslung. Am liebsten trinke ich grüne Tees wie den Sencha oder den Lung Ching. Im Sommer mag ich auch Jasmintee oder Oolong mit süßen Osmanthusblüten."

In seinem Taxi hat Li einen batteriebetriebenen Wasserkocher. Wenn sein Thermosbecher fast leer ist und er zwischen zwei Fahrten Zeit hat, füllt er Wasser aus einer Flasche in den Wasserkocher und gießt die heiße Flüssigkeit über die in seinem Becher verbliebenen Teeblätter. Das macht er regelmäßig den ganzen Tag über. Grüne Tees oder Oolongs können durchaus mehrere Aufgüsse vertragen. Von den einzelnen Teesorten und ihrer Bedeutung werde ich Ihnen später noch mehr berichten.

Li-Ming Mei organisiert Busreisen durch die schönsten Landschaften Chinas und zu den bedeutendsten historischen Stätten, wie zum Beispiel zur berühmten Terrakotta-Armee in Lintong. Sie erlebt bei diesen Fahrten so manches, aber wenn sie von ihrem schlimmsten Erlebnis berichtet, muss sie lächeln. „Ich habe bei einer Tour doch tatsächlich den Wasserkocher vergessen! Das ist für meine Landsleute eine echte Katastrophe, denn sie brauchen immer und überall einen frisch gebrühten Tee!"

Im Büro des Firmenchefs Liu Wang steht ein großer runder Tisch für Besprechungen. Die Tischplatte ist harmonisch dekoriert mit Teegeschirr, Blumen und einer schönen Skulptur. Bei Gesprächen mit seinen Mitarbeitern oder Geschäftspartnern serviert Liu Wang immer Tee, als Ausdruck der Gastfreundschaft und des Respekts. Für wichtige Partner oder Kunden zelebriert er sogar eine Teezeremonie.

Der Taxifahrer, die Reiseleiterin, der Geschäftsmann* – das sind nur drei Beispiele, wie die Menschen im modernen China tagtäglich eine jahrtausendealte Teekultur leben. Jetzt fragen Sie sich bestimmt: Warum gehört

---

* Sie alle gibt es wirklich, aber ihre Namen habe ich geändert.

für Chinesen und Chinesinnen der Teegenuss zum Alltag? Und wo liegen die Anfänge dieser Kultur und des Teeanbaus in China?

WIE ALLES BEGANN

Ohne die Chinesen müssten wir die Freuden des Teegenusses wohl erst noch entdecken. Denn in China liegt tatsächlich die Wiege dieses Kulturgetränks. Um den Tee ranken sich viele Mythen und Geschichten und bei seinen Anfängen ist es nicht anders.

Einer Legende zufolge begann alles an einem Frühlingsabend im Jahr 2437 v. Chr. Nach einer langen Reise machte Kaiser Shen Nung, der „Sohn des Himmels", unter einem Baum Rast. Sein Diener kochte Wasser ab, um seinen Durst zu löschen. Ein leichter Wind kam auf und ein paar Blätter des Baumes fielen in das heiße Wasser, das sich hellgrün verfärbte und angenehm duftete. Der Kaiser kostete von dem Getränk und war begeistert von seinem Geschmack und der erfrischenden Wirkung. Die Blätter stammten von einem wilden Teebaum und so wurde der Tee entdeckt.

Der Legende nach soll der teebegeisterte Kaiser schon vor seinem „Tee-Erlebnis" bekannt gewesen sein für sein Wissen über Kräuterheilkunde und seine fortschrittlichen Erkenntnisse auf diesem Gebiet.[4]

So könnte es gewesen sein …

Da es aus dieser frühen Zeit der chinesischen Geschichte kaum schriftliche Quellen gibt, ist es schwierig, Fabeln von Fakten zu trennen. Ist Tee wirklich ein Zufallsprodukt oder steht das Getränk am Ende einer langen Reihe von Experimenten, bis das Ergebnis überzeugt hat? Wie so oft bei bahnbrechenden Erfindungen wird auch bei der Entdeckung und Weiterentwicklung des Tees die Wahrheit wohl irgendwo in der Mitte liegen.

Vom sagenumwobenen Kaiser bis zum ersten schriftlichen Zeugnis über Tee sollten einige Jahrhunderte vergehen. Um 350 n. Chr. wurde ein Getränk namens „cha" in einem chinesischen Wörterbuch erwähnt und als „Trank aus gekochten Blättern" bezeichnet. Das Schriftzeichen für das chinesische Wort „cha" (Tee) war damals relativ neu. Dies ist ein wichtiger Hinweis darauf, dass Tee um diese Zeit schon angebaut wurde und ziemlich weit verbreitet war, denn sonst hätte man kein neues Wort plus Schriftzeichen für das Getränk „erfunden".

Es dauerte dann auch nicht lange, bis der Tee zur Handelsware wurde. Im 5. Jahrhundert n. Chr. haben Nomaden aus Zentralasien als Erste entlang der Großen Mauer Tauschhandel mit Tee betrieben.[5]

EIN KLASSIKER DER TEE-LITERATUR

Das „goldene Zeitalter" des Tees begann jedoch später, und zwar in der Zeit der Tang-Dynastie, die vom 7. bis zum 10. Jahrhundert n. Chr. dauerte. In diesem Zeitraum ist auch ein Standardwerk entstanden, das trotz seines hohen Alters noch heute aktuell ist. Solche Ausnahmewerke sind eher selten, aber dennoch gibt es einige von ihnen. Im religiösen Bereich zählt beispielsweise die Bibel dazu, die auch heute noch Millionen Menschen Orientierung gibt.

Auch in der Weltliteratur existieren solche zeitlos gültigen Bücher und ganz sicher gehört das im 8. Jahrhundert n. Chr. von Lu Yu verfasste Meisterwerk *Cha Ching* (Das klassische Buch vom Tee) zu diesen Ausnahme-Titeln. Sein auch heute noch in der Tee-Welt anerkanntes Standardwerk enthält in zehn Kapiteln eine umfassende Einführung in alle Aspekte der Teekultur, vom Ursprung der Teepflanze über Anbau und Herstellung, die Anbaugebiete der Spitzentees, geografische und klimatische Einflüsse auf die Teequalität bis hin zu den Utensilien für die Zubereitung von Tee sowie Tee-Folklore, um nur einige der Themen zu nennen.

Die Veröffentlichung seines Werkes führte in der damaligen Gesellschaft zu einer weiten Verbreitung des bisher nur einer privilegierten Minderheit zugänglichen Teekonsums. Adlige und Großgrundbesitzer begannen, sich für Tee zu interessieren. Wohlhabende Kaufleute entdeckten die kostbare Handelsware als Kulturgetränk für ihren privaten Gebrauch. Diese Leidenschaft war so ansteckend, dass schließlich alle, die es sich leisten konnten, Tee trinken wollten.[6]

In dieser Zeit erlebten auch die Teehäuser einen Aufschwung. Man kannte zwar einige Jahrhunderte früher bereits Orte, an denen man sich treffen, philosophieren und gemeinsam Tee genießen konnte, aber das Buch von Lu Yu sorgte auch hier für eine Weiterentwicklung

dieser Tradition, die bis in die heutige Zeit hinein praktiziert wird. Ich werde Ihnen später noch etwas über die
Bedeutung der Teehäuser für die chinesische Teekultur
und die Menschen im modernen China erzählen.

Eine Statue von Lu Yu, dem „Tee-Meister"

EIN ZEITSPRUNG

Wir machen jetzt einen großen Sprung durch die Jahrhunderte, denn erst im kommunistischen China kam
es zu den nächsten großen, allerdings eher strukurellen
Veränderungen in der chinesischen Teekultur. Im Jahr
1949 wurde die Volksrepublik China ausgerufen. Die
neuen Machthaber unter Mao Zedong brauchten harte
Währung und kurbelten deshalb die Exporte an, auch
die von Tees.

Der Schwerpunkt lag jetzt eher auf Quantität als auf Qualität, denn hochwertige Tees galten als „konterrevolutionär": Für die Kommunisten gehörten sie zu den Sinnbildern eines bourgeoisen Lebensstils. Die bisher meistens als Familienbetriebe geführten Teegärten wurden verstaatlicht, bei der Herstellung wurde Massenproduktion angestrebt. Diese Politik führte auch dazu, dass China seinen weltweiten Ruf als Land der herausragenden Tees einbüßte und in den Anbaugebieten die für die Herstellung von Spitzentees erforderlichen Fachkenntnisse allmählich verloren gingen.

Während der Kulturrevolution erlitt die Teekultur in China einen weiteren Schlag, als die öffentlichen Teehäuser schließen mussten nach dem Motto: „Weg mit den alten Zöpfen." Die jahrtausendealte Teekultur mit ihren besonderen Zubereitungsarten und Zeremonien verschwand jedoch nicht, sondern wurde nach wie vor in den Familien praktiziert.

Mit dem Tod von Mao Zedong begann Ende der 1970er-Jahre ein Prozess des Umdenkens. Die großen staatlich betriebenen Teefarmen wurden von kleineren Teegärten abgelöst, bis sie infolge einer weit gefassten Liberalisierung der Wirtschaft in den 1990er-Jahren privatisiert wurden. Das alte, fast verloren geglaubte Wissen über den Teeanbau wurde neu belebt, auch mithilfe von Klassikern wie dem *Cha Ching* des heute in ganz China verehrten „Teemeisters" Lu Yu.

Heute werden in den fünf Anbaugebieten, die alle in den südlichen Provinzen des Landes liegen, wieder Spitzentee kultiviert und exportiert. China nimmt auf der Rangliste der wichtigsten Tee-Exportländer den ersten Platz ein. Auffallend dabei ist: Von den fast 2,8 Millionen Tonnen jährlich produziertem Tee werden nur etwa 15 Prozent exportiert, was 350 000 Tonnen Tee entspricht.[7] Den beachtlichen Rest trinken die Chinesen selbst!

BEGRIFFE UND IHRE BEDEUTUNG

Bisher haben wir ganz allgemein von Tee gesprochen, aber noch nicht über die große Vielfalt, die aus der Teepflanze *Camellia Sinensis* entsteht. Deshalb möchte ich hier kurz die Unterschiede zwischen den verschiedenen Tee-Varianten erklären.

GRÜNER TEE

Die in China beliebteste und in den Anbauregionen des Landes am häufigsten hergestellte Tee-Variante unterscheidet sich vom schwarzen Tee allein durch die Herstellungsweise. Seine leuchtend helle oder dunkelgrüne Farbe er- oder behält der Tee, indem der natürliche Prozess der sogenannten Fermentation unterbrochen wird.* In China geschieht das durch das Rösten des frischen Blattguts in großen Pfannen, die aussehen wie riesige Woks. Danach werden die Teeblätter gerollt, getrocknet und sortiert.[8]

---

*Der Begriff „Fermentation" ist eigentlich nicht ganz richtig, hat sich aber in der Tee-Welt bis heute durchgesetzt. Korrekterweise müsste man von einer „Oxidation" sprechen. Bei diesem Prozess werden die Teeblätter zunächst gerollt. Dabei brechen die Zellwände auf und die Sauerstoffmoleküle aus der Luft binden sich an die Zellsäfte. Es entsteht ein natürlicher Gärungsprozess und die ursprünglich grünen Teeblätter werden hell- bis dunkelbraun. Das Ergebnis ist entweder schwarzer Tee oder teilfermentierter Oolong.

Die frischen Teeblätter werden geröstet.

SCHWARZER TEE

Beim schwarzen Tee werden die Teeblätter zunächst angetrocknet, dann gerollt, damit der Zellsaft aus den Blättern austritt, und danach fermentiert. Dadurch erhalten sie ihre dunkle Farbe. Schwarztees werden in China vor allem in den Provinzen Fujian, Anhui und Yunnan (es gibt auch einen Tee mit diesem Namen) hergestellt.

Danach folgen dieselben Schritte wie beim grünen Tee: das Trocknen und das Sortieren.

Von grün zu hell- oder dunkelbraun: Fermentation

Sanfte Verarbeitung – das Trocknen der Blätter für weißen Tee

WEISSER TEE

Diese Variante ist etwas für Liebhaber von eher mild schmeckenden Tees. Bei der Herstellung werden die Teeblätter sehr sanft verarbeitet und lediglich getrocknet (meistens in zwei Schritten), sodass die trockenen Blätter weißlich wirken. Manchmal sieht man sogar noch die feinen Härchen der Blattknospen. Bei besonders hochwertigen Sorten werden nur die ungeöffneten Blattknospen des Teestrauchs verwendet.

OOLONG

Hier handelt es sich um einen teilfermentierten Tee. Bei der Herstellung von grün ausgebauten Oolongs werden die Teeblätter nur an den Rändern fermentiert, bei den dunkel ausgebauten Sorten dagegen wird die Fermentation später unterbrochen. Der Geschmack dieser besonderen Tees reicht von fruchtig-duftig (bei den grün ausgebauten Varianten) bis zu malzig-brotig (bei den dunkel ausgebauten Sorten). Etwa 80 Prozent aller chinesischen Oolongs kommen aus der Provinz Fujian.[9]

Diese Tee-Sorte verlangt bei der Herstellung besonders viel Erfahrung und Fingerspitzengefühl, aber der große Aufwand ist spürbar in den subtilen Geschmacksnoten, die sich beim Aufbrühen eines Oolong entfalten. Es überrascht Sie bestimmt nicht, wenn ich Ihnen verrate, dass sowohl die grün als auch die dunkel ausgebauten Oolongs zu meinen persönlichen Favoriten gehören!

Oolong – eine gute Wahl für eine Teezeremonie

TYPISCH CHINESISCHE TEESORTEN – NICHT NUR IN CHINA BELIEBT

Und nun möchte ich sie Ihnen vorstellen, die in China und inzwischen auch bei uns in Europa bekanntesten und populärsten chinesischen Teesorten:

Pai Mu Tan: Dieser spezielle weiße Tee, dessen Name

übersetzt „Weiße Pfingstrose" lautet, wird nur in der chinesischen Provinz Fujian hergestellt.

Pu-Erh Tee, teilweise auch als „Roter Tee" bezeichnet, ist eine Spezialität aus der chinesischen Provinz Yunnan. Durch eine spezielle Nach-Fermentation erhält dieser Tee seine dunkle, rötliche Farbe und den kräftigen, erdigen Geschmack. Pu-Erh Tees werden neben Oolong Tees häufig für Teezeremonien verwendet, da sich aus ihnen die meisten Aufgüsse zubereiten lassen.

Lapsang Souchong hat seinen Ursprung im Wuyi-Gebirge und gilt als erster Schwarztee überhaupt. Bei der Herstellung wird der Tee traditionellerweise in Bambuskörben über schwelendem Pinienholz geräuchert. Dadurch erhält er sein unverwechselbares Raucharoma, weshalb er auch „Rauchtee" genannt wird.

Jasmintee wird in China-Restaurants oft als kostenloser Begleiter zu einer Mahlzeit angeboten, aber kaum jemand kennt die Geheimnisse seiner Herstellung. Er wird zwar auch in anderen chinesischen Provinzen gefertigt, aber der Jasmintee aus der Gegend von Fuzhou in Fujian gehört zu den besten.

Jasmintee ist ein mit Jasminblüten angereicherter Grüntee. Der Grüntee wird im Frühjahr hergestellt und bis August gelagert. Dann beginnt die Erntezeit der Jasminblüten. Zwei Teile Jasminblüten werden mit einem Teil Tee vermengt, damit das Aroma der sich öffnenden Blüten auf den Tee übergeht. Dieser Schritt der Aromatisierung wird mindestens zweimal, bei besonders hochwertigen Qualitäten bis zu sechsmal wiederholt. Zum Schluss werden die Blüten wieder herausgesammelt und der Tee getrocknet.[10]

Eine Empfehlung von mir: Wenn im Tee so gut wie keine Reste von Jasminblüten zu sehen sind, handelt es sich um eine besonders hochwertige Sorte. Diesen mit großem Aufwand hergestellten Tee sollten Sie unbedingt probieren!

TRADITIONEN UND TRENDS: TEEHÄUSER UND TEEZEREMONIEN

Nach so viel Historie und Theorie möchten Sie bestimmt wissen, wie die Menschen im heutigen China ihre jahrtausendealte Teekultur leben. Die drei eingangs erwähnten Beispiele ließen sich beliebig fortführen; aber die Art, wie Chinesinnen und Chinesen heute ihren Tee genießen, kann Ihnen am besten jemand erklären, der in China geboren und aufgewachsen ist: Aping Li-Herold, Präsidentin des Vereins der Übersee-Chinesen in Deutschland. Ihr verdanke ich wertvolle Einblicke in die moderne chinesische Teekultur. Während einer Teeverkostung hat sie meine vielen Fragen ausführlich und bereitwillig beantwortet. Seien Sie gespannt auf das, was sie uns zu erzählen hat!

TEEHÄUSER ALS TREFFPUNKTE

Inzwischen gibt es in China wieder zahlreiche Teehäuser, vor allem in den großen Städten und im Süden des Landes. Sie sind beliebte Treffpunkte für junge und ältere Menschen, für Familien und Geschäftsleute. In Südchina trinkt man Tee bereits zum Frühstück und auch zum Mittagessen. Deshalb treffen sich viele, vor allem ältere Menschen unter der Woche zu einem Tee-Frühstück oder Tee-Brunch im Teehaus, Berufstätige und Familien auch an den Wochenenden. Im Norden des Landes ist Tee eher ein Begleiter zum Mittag- und Abendessen.

Auch Geschäftsleute treffen sich zu Verhandlungen oder Gesprächen gern in Teehäusern, weil es dort ruhiger zugeht als in einem Restaurant.

Traditionelles Teehaus in Shanghai

TEEKULTUR UND TEEZEREMONIEN IM MODERNEN CHINA

Am Ende des Kapitels werde ich Sie in die Ursprünge und Abläufe der Teezeremonie einweihen. Jetzt geht es erst einmal um die gesellschaftliche Bedeutung dieser Zeremonie, die *Gong-Fu Cha* („Meisterschaft des Tees") genannt wird. Ihre Regeln beschreiben die Grundelemente der Teezeremonie, die je nach Region variieren.

Die chinesische Teezeremonie ist nicht so strikt reglementiert wie die japanische. In China geht es mehr um den gesellschaftlichen Aspekt, um das gemeinsame Genießen des Tees. Die bei Teezeremonien am häufigsten verwendeten Teesorten sind Oolongs oder Pu-Erh Tees, da sich daraus die meisten Aufgüsse zubereiten lassen.

Aber wie genau praktizieren die Menschen in China heute ihre Teekultur? Wird die Teezeremonie eher in den Familien oder eher in der Öffentlichkeit zelebriert?

Teezeremonie bei einer chinesischen Hochzeit

Natürlich finden Teezeremonien auch im privaten Rahmen statt, aber da geht es eher locker zu. In Teehäusern oder bei geschäftlichen Zusammenkünften hält man sich strikter an die vorgegebenen Abläufe. Bei wichtigen Sitzungen oder Terminen mit Geschäftspartnern führt der Gastgeber vorher eine kleine Teezeremonie durch. Auch Geschäftsessen werden stets von einer Teezeremonie begleitet. Bei internen Besprechungen mit Kollegen wird immer bereits zubereiteter Tee angeboten, ohne Zeremonie.

FINGER-TAPPING – EINE BESONDERHEIT DER CHINESISCHEN TEEKULTUR

Wenn der Gastgeber Tee einschenkt, bedanken sich die Gäste in China mit dem sogenannten Finger-Tapping, indem sie mit Zeige- und Mittelfinger dreimal auf den Tisch klopfen. Dieser Brauch geht auf Kaiser Qianlong (1711–1799) aus der Zeit der Qing-Dynastie zurück.

Als der Herrscher einmal durch China reiste, wollte er inkognito bleiben. Seine Begleiter durften nicht verraten, wer er wirklich war. Eines Tages kehrten die Reisenden in ein Restaurant ein. Als der Kaiser die Schalen seiner Begleiter mit Tee füllte, wollten sich diese zunächst dankbar vor ihrem Regenten verneigen, doch damit hätten sie seine wahre Identität preisgegeben. Deshalb klopften sie als Zeichen der Dankbarkeit und Ehrerbietung mit den Fingern auf den Tisch.[11] Diese Geste gibt es in China bis heute.

TEE-TRENDS IN CHINA

Bei den Vorlieben für bestimmte Teesorten gibt es in China je nach Region Unterschiede. In Peking trinkt man gerne Jasmintee. Obwohl grüne Teesorten in ganz China genossen werden, wird im Süden auch viel Schwarztee getrunken (Provinzen Fujian, Hunan, Yunnan). Auch der Oolong erfreut sich in ganz China immer größerer Beliebtheit, vor allem bei der jüngeren Generation. Viele junge Menschen verlassen das Haus nicht, bevor sie ihren Thermos-Becher mit heißem Tee gefüllt haben.

Heißer Tee wird zu jeder Jahreszeit getrunken, auch und gerade im Sommer. Diese Gewohnheit kommt aus der Traditionellen Chinesischen Medizin. Dort gibt es die Auffassung, dass Winterkrankheiten im Sommer geheilt werden und dass dieser Prozess unterstützt wird, indem man heiße Getränke zu sich nimmt.

Natürlich folgen viele junge Leute auch aktuellen Trends. Als besonders „cool" gilt – wie hier bei uns – das ursprünglich aus Taiwan stammende Trendgetränk „Bubble Tea". Besonders beliebt sind auch aromatisierte Schwarztees mit Whiskygeschmack, Earl Grey Tees auf Darjeeling-Basis oder fruchtig aromatisierte Grüntees. Solche Sorten gelten in China als „exotisch"; deshalb nehmen chinesische Touristen sie gerne als Souvenirs mit nach Hause.

Bubble Tea – das „coole" Trend-Getränk

GONG FU CHA – DIE MEISTERSCHAFT DES TEES

Schon mehrmals haben wir während unserer Reise in die chinesische Teekultur den Begriff „Teezeremonie" erwähnt. Jetzt möchte ich Ihnen in Kurzfassung erläutern, was sich hinter diesem Wort verbirgt.

Die Ursprünge: Die chinesische Teezeremonie entstand in derselben Zeit wie die Herstellung des Oolong (Ming Dynastie, 14. bis 17. Jahrhundert). „Gong Fu" oder auch „Kung Fu" bedeutet übersetzt „etwas meistern". *Gong Fu Cha* bedeutet die hohe Kunst der Teezubereitung. Sie ist der Inbegriff einer über Jahrhunderte entwickelten Kultur des Tees und hat noch heute dieselben Abläufe.

Die „Werkzeuge": Dem Duft des Tees wird bei der Zeremonie viel Wert beigemessen. Daher verwendet man vorzugsweise das zierliche Gong Fu-Set, bestehend aus Teekännchen, Gießkännchen, Duftbecher und Trinkschale. Im Teekännchen werden die Teeblätter mehrmals aufgegossen. Vom Teekännchen wird der Tee erst in das Gießkännchen umgegossen, von dort in die hohen Duftbecher und dann in die Trinkschalen.

Der Ablauf: Die chinesische Teezeremonie beginnt zunächst damit, dass der Zeremonienmeister die Kanne und auch die Teeschalen mit heißem Wasser ausspült, um sie zu reinigen und vorzuwärmen. Dann werden die Teeblätter in die Kanne gegeben und aufgegossen. Dieser erste Aufguss heißt „Aufguss des guten Duftes". Er wird sofort in die Schalen gegossen, aber nicht getrunken. Dieser Aufguss soll die Blätter öffnen und bereits einen Teil der bitteren Geschmacksstoffe lösen. Der Geschmack der folgenden Aufgüsse ist deshalb wesentlich angenehmer.

Der zweite Aufguss, der „Aufguss des guten Geschmacks", wird nach etwa 10 bis 30 Sekunden in die Schalen gegossen. Insgesamt können die Aufgüsse bis zu fünfzehn Mal wiederholt werden, vorausgesetzt, der Tee hat eine entsprechend hohe Qualität. Diese „Aufgüsse der langen Freundschaft" ziehen jeweils 10 Sekunden länger als der vorhergehende Aufguss und haben auch jedes Mal einen anderen Geschmack.

Junge Frau bei der Teezeremonie

Die Bedeutung der Teezeremonie: Begriffe wie Ehre und Wertschätzung spielen in China und anderen asiatischen Ländern auch heute noch eine große Rolle. Einem Gast eine Tasse Tee anzubieten, bedeutet, ihm eine besondere Ehre zu erweisen.

In China galt das Teezubehör auch als Statussymbol. Das Material, aus dem Kannen oder Schalen gefertigt waren, ließ Rückschlüsse auf die gesellschaftliche Stellung der jeweiligen Besitzer zu.

Die Kunst der Teezubereitung war sogar ausschlaggebend bei der Wahl eines Ehepartners. Die Eltern des Bräutigams wünschten sich eine Schwiegertochter, die diese Kunst beherrschte. Während Tee auch heute noch eine große Rolle bei Hochzeits- und Familienbräuchen spielt, war es in früheren Zeiten noch üblich, dass die Braut am Hochzeitsmorgen ihren künftigen Schwiegereltern Tee servierte.[12]

DER WEG ZUM HOCHGENUSS: TEE IM ALLTAG ZELEBRIEREN

Ruhepunkte in der Hektik des Alltags finden – dafür ist die Teezeremonie ideal. Nicht jeder hat jedoch genügend Zeit und Erfahrung für diese Art der Zubereitung. Aber was spricht dagegen, einen hochwertigen Tee langsam und behutsam zu genießen? Auch ohne den festen Ablauf einer Zeremonie führt dieses bewusste Zelebrieren eines Tees in der Hektik des Alltags zur Entschleunigung.

Wenn man Tee auch im Alltag mit viel Ruhe genießen möchte, gibt es eine Möglichkeit, die im westlichen Kulturkreis noch relativ unbekannt ist. Die Chinesen nennen es *Cha Xi*. Dieser Ausdruck bedeutet übersetzt „Tee-Schauspiel". Beim *Cha Xi* geht es hauptsächlich um die „Bühne", den ästhetischen Rahmen, in dem der jeweilige Tee am besten zur Geltung kommen kann.

Bei den Menschen in asiatischen Ländern besteht diese „Tee-Bühne" aus einem Tuch oder einer Matte, auf der die erforderlichen Werkzeuge für die Zubereitung arrangiert werden, z. B. ein Auffanggefäß für überschüssiges Wasser, eine kleine Teekanne aus Ton, eine große Kanne für das heiße Wasser und Teeschalen.

Dann wird das „Bühnenbild" gestaltet: Blumen, interessant geformte Steine, eine kleine Bambusstaude, eine kleine Skulptur. Wichtig ist ein harmonisches Gesamtbild, das den Hauptakteur in den Mittelpunkt rückt und den Genuss des Tees auf eine höhere Stufe stellt. Für die Menschen in China hat dieses „Tee-Schauspiel" auch einen philosophisch-spirituellen Hintergrund, denn das Zusammenspiel zwischen der Schönheit des äußeren Rahmens und dem Geschmack des Tees ist für sie ein Ausdruck der Harmonie zwischen Himmel und Erde.[13]

Cha Xi – das Schauspiel des Tees

Aber auch wir Europäer können mit einer abgewandelten Form des Tee-Schauspiels Ruhepunkte in unserem hektischen Alltag setzen. Mit dem passenden Geschirr und schön arrangierter Dekoration wie Blumen, Kerzen oder Figuren lässt sich diese Wirkung leicht erzielen.

Ich experimentiere sehr gerne mit Pflanzen und Deko-Elementen, die ich an die jeweilige Jahreszeit anpasse.

Gehen Sie mit offenen Augen durch die Natur, suchen Sie nach einem blühenden Zweig, einem interessant geformten Stück Holz, einen schön geformten Stein. Weniger kann oft mehr sein ... Seien Sie kreativ und inszenieren Sie den Tee für Ihre persönliche Zeremonie!

Tee als Ruhe-Insel im Alltag

MEINE EMPFEHLUNGEN FÜR IHRE TEE-ZEREMONIE ZU HAUSE

Wenn Sie mit mehreren Aufgüssen experimentieren möchten, empfehle ich Ihnen einen Oolong wie z. B. den *Tie Guan Yin* oder einen *Pu-Erh Tee*. Beide Tees können Sie natürlich auch nur einmal aufgießen, wenn Ihnen das lieber ist.

Ideal für Ruhepunkte im Alltag ist auch ein chinesischer Grüntee wie der *Lung Ching*. Wenn Sie den Duft von Jasmin mögen, habe ich einen Geheimtipp für Sie: Probieren Sie den *Dim of Jasmine* von Ronnefeldt. Dieser außergewöhnliche, in Handarbeit hergestellte Tee aus der Provinz Fujian ist eine wahre Geschmacksexplosion!

JAPAN
Land der Kirschblüten und des Matcha-Tees

Wenn Sie Japan besuchen, treffen Sie in jeder Stadt auf große Verkaufsautomaten, gefüllt mit vielen bunten Flaschen. Und nun raten Sie mal, was der Inhalt dieser Flaschen sein könnte. Vielleicht gehen Sie davon aus, dass es sich um Limonaden, Energy Drinks oder Ähnliches handelt. Doch es finden sich keine zuckerhaltigen Getränke darin, sondern … japanischer Grüntee!

„Tee in Flaschen?", fragen Sie jetzt vielleicht erstaunt. Im Grunde genommen ist das jedoch gar nicht so überraschend. Schließlich hat Japan eine fast ebenso große Teekultur wie China, das Mutterland des Tees, und Tee ist im Land der Kirschblüten ein Alltagsgetränk. Aber Tee in Flaschen? Die jungen Japaner und Japanerinnen finden so etwas absolut trendig und auch die ältere Generation hat sich bereits mit dieser praktischen Lösung angefreundet.

Aufgebrühten, abgekühlten Tee, meistens in der grünen Variante, kennen und lieben die Japaner schon lange als Erfrischungsgetränk. Ohne Zucker genossen, ist er eine gesunde Alternative zu den oft sehr süßen Softdrinks. In den 1990er-Jahren tauchten dann die ersten ungesüßten Tees auf, zunächst in Literflaschen, dann in Halbliter-Flaschen. Diese praktische Lösung für unterwegs ist in Japan inzwischen so populär, dass sie die selbst gemachte Variante weitgehend verdrängt hat.[14]

Tee – eine zuckerfreie Alternative zu Softdrinks!

Für mich war das die erste, aber nicht die letzte erstaunliche Erkenntnis über die Teekultur in Japan. Folgen Sie mir auf unserer Reise ins Land der Kirschblüten – wir werden dabei noch mehr Überraschendes erfahren!

VON FINDIGEN MÖNCHEN UND WEISEN MEISTERN

Zuerst wollen wir gemeinsam herausfinden, seit wann in Japan Tee angebaut wird und ob die Teepflanze dort heimisch war – so wie in China – oder ob sie importiert wurde.

Wie so oft in der Welt des Tees liegen auch bei der Geschichte des Teeanbaus in Japan die genauen Anfänge im Dunkeln. Die ersten schriftlichen Zeugnisse berichten von buddhistischen Mönchen, die im 8. Jahrhundert n. Chr. einen regen Austausch mit ihren Kollegen in China pflegten und von diesen auch das Teetrinken lernten. Damals wurde der gepresste Ziegeltee zu Pulver zermahlen und mit heißem Wasser übergossen.

Die Mönche waren begeistert von der anregenden Wirkung dieses Getränks, mit dessen Hilfe sie sich bei ihren Meditationsübungen besser konzentrieren konnten, und so importierten sie den Tee nach Japan.

Da die Chinesen die Geheimnisse des Teeanbaus für sich behalten wollten, war die Ausfuhr von Teepflanzen bereits damals streng verboten. Das war für die beiden Mönche Saicho und Kukai jedoch kein Hindernis. Um 800 n. Chr. schmuggelten sie Tee-Samen aus dem Mutterland des Tees und Saicho pflanzte um 805 n. Chr. die ersten Setzlinge in der Nähe von Kyoto an.

Anderen Quellen zufolge war um diese Zeit auch am Palast von Kyoto ein kleiner Teegarten angelegt worden, wohl mit den Setzlingen, die von den aus China geschmuggelten Samen stammten. Wie in China war auch in Japan der Teegenuss lange Zeit ein Privileg des Kaiserhofs, der Adligen und natürlich der Mönche, die auch um ihre Klöster herum kleine Teegärten anlegten.

Teeblätter mit Samen

Aus diesen kleinen Anfängen entstand im 12. Jahrhundert in Japan der Teeanbau im größeren Stil, als der buddhistische Mönch Eisai, ebenfalls mit Tee-Samen aus China im Reisegepäck, in der Nähe von Fukuoka auf der japanischen Insel Kyushu Tee kultivierte und die mitgebrachten Samen in den anderen Präfekturen Japans verteilte.* Die heutigen Teegärten von Uji gehen auf seine Pflanzungen zurück. Eisai ist auch der erste Autor eines japanischen Buches über Tee.

Erst im 16. Jahrhundert verbreitete sich der Teegenuss

* Eine Präfektur ist eine Gebietskörperschaft, in etwa vergleichbar mit einer Provinz. Heute ist Japan in 47 Präfekturen unterteilt.

vom Kaiserhof, den Mönchen und der Kriegerklasse der Samurais unter den wohlhabenden Bürgern in ganz Japan.[15]

Zum Inbegriff der japanischen Kultur wurde später die Teezeremonie. Obwohl das Ritual beim Servieren des Tees ursprünglich aus China kommt, ist es in Japan verfeinert und perfektioniert worden. Und hier betritt ein Teemeister die Bühne der Geschichte: Sen no Rikyu (1522–1591) hat die bereits bestehenden Rituale in einem Regelwerk zusammengefasst, das bis heute gültig ist. Er gilt auch als Begründer des heute noch in Japan praktizierten „Tee-Weges" *(Cha no yu* oder *Cha do)*. Im weiteren

Teezeremonie

Verlauf dieses Kapitels schildere ich Ihnen noch mehr Details und den Ablauf einer solchen Teezeremonie.[16]

Zwischen dem 16. und dem 18. Jahrhundert gab es nicht nur entscheidende Impulse für die Weiterentwicklung der Teezeremonie, sondern weitere, bahnbrechende Neuerungen bei der Herstellung und dem Anbau von Tee. So wurde in dieser Zeit in Japan die Anbaumethode der Beschattung erfunden, die ich später noch genauer erklären werde. Damit wurde der Grundstein für die Herstellung der Sorten *Gyokuro* und *Matcha* gelegt.

Im Jahr 1738 entwickelte Soen Nagatani eine neue Methode für die Verarbeitung von Tee, aus der unter anderem der Grüntee *Sencha* hervorgehen sollte. Soen Nagatanis innovatives Verfahren war der Vorläufer der „japanischen Methode" bei der Herstellung von Grüntee. Im Gegensatz zur „chinesischen Methode" wird dabei das frische Teeblatt gedämpft und nicht wie in China in heißen Pfannen geröstet.[17]

TEEANBAU IN JAPAN HEUTE: ZWISCHEN TRADITION UND TECHNIK

Nach diesem kurzen Überblick über die Ursprünge des Teeanbaus in Japan machen wir einen großen Sprung durch die Jahrhunderte, um zu erfahren, wie die Menschen im heutigen Japan Tee anbauen und ihre Teekultur leben.

Zuerst ein paar Zahlen und Fakten: Obwohl in Japan nur auf relativ kleinen Flächen Tee kultiviert wird, zählt das Land zu den wichtigsten Tee-Exporteuren der Welt. Gleichzeitig werden nur rund sechs Prozent des im Land der Kirschblüten hergestellten Tees exportiert, die riesige Restmenge trinken die Japaner selbst.

In drei Regionen des Landes wird Tee angebaut. Das größte Gebiet befindet sich in der landschaftlich reizvoll am Berg Fuji gelegenen Präfektur Shizuoka. Dort wird hauptsächlich die in Japan auch als Alltagstee bezeichnete Grünteesorte Sencha hergestellt.

Das zweitgrößte Anbaugebiet liegt in der Präfektur Kagoshima. Dort werden verschiedene Sorten hergestellt, unter anderem herausragende Senchas. Das kleinste

Anbaugebiet befindet sich in der Präfektur Kyoto. Von dort kommen hauptsächlich edle Teesorten wie *Gyokuro* und *Matcha*.[18]

Was den Teeanbau anbelangt, haben die Menschen in Japan einerseits eine starke Bindung an ihre Tradition, andererseits sind sie aufgeschlossen gegenüber allem, was die moderne Technologie zu bieten hat. Deshalb ist der Einsatz von Maschinen bei der Pflückung der Teeblätter in vielen Teegärten Japans gängige Praxis – und auch nötig, damit die Tees zu akzeptablen Preisen verkauft werden können.

In flacherem Gelände kann bei der Tee-Ernte sogar ganz auf menschliche Arbeitskraft verzichtet werden, denn dort bewegen sich die Erntemaschinen auf Schienen und computergesteuert durch die Reihen der Teebüsche. Die abgeernteten Teebüsche[19] wirken beinahe wie Kunstwerke, die sich harmonisch in die Landschaft einfügen.

Eine Erntemaschine im Einsatz

In der Präfektur Kyoto hat alles begonnen, der Teeanbau und die japanische Teekultur. Anbau und Herstellung von Tee sind in dieser Region von jahrhundertealten Traditionen geprägt. Auch die Region Uji mit der gleichnamigen Stadt befindet sich im Süden dieses Gebietes. Wie bereits erwähnt, steht hier die Wiege des Teeanbaus in Japan.

Die heute hier angebauten und verarbeiteten Tees werden „Uji Cha" genannt. Unter dieser Bezeichnung sind sie über die Landesgrenzen hinaus bekannt, und sie gehören zu den besten Tees Japans. In Uji liegen auch die Ursprünge der Matcha-Herstellung.

Kyoto ist jedoch nicht nur eine Schatzkammer der Tradition, sondern auch ein Quellort für Innovation. Hier wurden neue Teesorten wie der *Sencha* erfunden und hier hatte eine heute in ganz Japan praktizierte Anbaumethode ihren Ursprung: die bereits erwähnte Beschattung. Dabei werden die Teepflanzen bis zu drei Wochen lang mit dunklen, engmaschigen Netzen abgedeckt, um die zartgrünen Blätter vor bis zu 90 Prozent des Sonnenlichts abzuschirmen. Die Blätter bilden auf diese Weise mehr Chlorophyll und bekommen eine intensivere, tiefgrüne Farbe. Außerdem enthalten beschattete Tees mehr Theanin, eine Aminosäure, die bei den Teeblättern für mehr Süße sorgt. Dieses innovative Verfahren wird inzwischen nicht nur beim Ausgangsmaterial für Matcha angewendet, sondern auch bei anderen Teesorten wie dem ebenfalls in Kyoto erfundenen *Gyokuro* („edler Tautropfen").[20]

Vor einer beeindruckenden Kulisse: Teegarten in Kyoto

DIE WICHTIGSTEN TEESORTEN

Nachdem Sie über die Geschichte, die Anbau- und Herstellungsmethoden japanischer Tees einen kleinen Überblick bekommen haben, möchte ich Ihnen jetzt erklären, was hinter den klangvollen Namen der von mir bereits erwähnten Teesorten steckt. Erfahren Sie mehr über die wichtigsten Sorten, ihre Herstellung und vor allem ihren Geschmack!

Sencha, der am häufigsten produzierte Tee Japans: Etwa 80 Prozent der in Japan hergestellten Tees sind Senchas. Japaner genießen Sencha zu jeder Tageszeit und auch als Begleitung zu Mahlzeiten. Im Gegensatz zu anderen Sorten wachsen die für Sencha vorgesehenen Teeblätter bis zur Ernte in der Sonne. Deshalb ist der Sencha ein eher kräftiger und herber Grüntee. Sein Geschmack erinnert an frisch gemähtes Gras und Seeluft. Die Blätter für die Herstellung des Sencha werden während der ersten Pflückung im Frühjahr geerntet.

Eine Empfehlung von mir: Wenn Sie einmal ein japanisches Restaurant besuchen, bestellen Sie einen Sencha und entdecken Sie, wie sehr dieser Tee mit den japanischen Gerichten harmoniert.

Bancha, der „kräftigere" Bruder des Sencha, wird aus der Sommer- und Herbstpflückung hergestellt. Die Blätter und Stängel der Teeblätter sind härter als die im Frühjahr für den Sencha gepflückten. In Japan wird der Bancha gerne zum Essen getrunken.

Sencha, der „Alltagstee"

Genmaicha, der „Reistee", ist ein Bancha, der mit gerösteten und gepoppten Reiskörnern kombiniert wird und dadurch einen malzigen, leicht nussigen Geschmack erhält. In Japan ist diese Variante sehr beliebt.

Eine Empfehlung von mir: Dieser Tee gehört zu meinen Favoriten unter den japanischen Grüntees. Da er wegen seiner Röstnoten als Begleiter zum Essen zu dominierend ist, sollten Sie ihn lieber zwischen den Mahlzeiten genießen.

Gyokuro, der „edle Tautropfen", gehört zu den hochwertigsten Tees der Welt und in Japan zu den teuersten Teesorten. Die für die Her-

Genmaicha – ein besonderes Geschmackserlebnis!

stellung dieser Sorte vorgesehenen Teeblätter werden bis zu vierzig Tage vor der Ernte beschattet. Im Gegensatz zu den maschinell gepflückten und verarbeiteten Sorten wird dieser Tee in sorgfältiger Handarbeit hergestellt. Der Geschmack dieser in der Tasse hellgelb leuchtenden Kostbarkeit ist weich, süßlich und mild.

Wenn Sie ihn einmal probieren, werden Sie bestimmt die gleiche Erfahrung machen wie ich: Dieser Tee ist eine Köstlichkeit für Kenner!

Matcha, der wertvollste grüne Tee Japans und das Herzstück der japanischen Teezeremonie, wird sehr aufwendig, weitgehend in Handarbeit hergestellt. Nur einmal im Jahr werden die zarten, vor der Ernte beschatteten Teeblätter von Hand gepflückt, besonders schonend gedämpft und danach getrocknet. Die Blattstängel werden aussortiert, und fertig ist der Tencha, die Basis für den Matcha. Danach werden die Tencha-Blätter in Steinmühlen zu einem feinen Pulver zermahlen. Dieses traditionelle Verfahren ist sehr schonend, aber auch zeitaufwendig,

denn für 30 Gramm des edlen Pulvers brauchen die Steinmühlen etwa eine Stunde. Der Matcha schmeckt je nach Sorte vollmundig, süßlich und zart nach frischem Gras.[21]

Eine besondere Empfehlung von mir: Am authentischsten wird der Matcha, wenn Sie ihn auf traditionelle Weise zubereiten,

Utensilien für die Zubereitung von Matcha

mit dem richtigen Zubehör: einem Bambuslöffel (Chashaku), einer Teeschale (Chawan) und einem Bambus-Besen (Chasen). Bitte seien Sie sparsam bei der Dosierung. Matcha ist eine wahre Koffein-Bombe, denn er enthält 30-mal mehr Koffein als andere Grüntees!

DER WEG DES TEES: DIE TEEZEREMONIE

In Japan trifft man immer wieder auf erstaunliche Überraschungen und Gegensätze. Beeindruckend sind die hochmodernen Anbaumethoden und computergesteuerten Prozesse bei der Herstellung auch hochwertiger Tees. Ein starker Kontrast zu dieser Offenheit gegenüber allen technischen Innovationen ist die tiefe Bindung der Menschen an ihre Vergangenheit, ihre Liebe zu alten Traditionen.

Erstaunlich ist die große Nachfrage nach Schulungen über die Durchführung der Teezeremonie, der Ausbildung zum Teemeister und sogar zur Geisha, einem fast vergessen geglaubten Beruf mit einem extrem strengen Regelwerk. Noch mehr überrascht es, wenn man erfährt, dass in all diesen Bereichen der Weg zur Perfektion extrem lang ist.

So dauert es viele Jahre, bis man alle Teile der Teezeremonie beherrscht. Trotzdem besuchen heute in Japan etwa eine Million Menschen, vor allem Frauen, Teezeremonie-Schulen. Einst waren diese Schulen eine von Männern aus dem Adel und der Kriegerklasse beherrschte Domäne der Oberschicht. Heute dagegen lernen überwiegend Frauen aus der Mittelschicht alles über die Feinheiten der japanischen Tradition.[22]

Die Teezeremonie oder der Weg des Tees (Cha do) ist tief verwurzelt in der japanischen Kultur. Es gibt heute verschiedene „Schulen" dieses Tee-Weges, aber die Grundprinzipien sind ihnen allen gemeinsam. Sie gehen auf den bereits erwähnten Teemeister Sen no Rikyu zurück und können zusammengefasst werden mit den vier Begriffen Harmonie, Hochachtung (Respekt), Reinheit und Stille.

Im Verlauf der Teezeremonie wird nicht nur eine Harmonie zwischen Gastgeber und Gästen hergestellt, sondern auch die verwendeten Utensilien sind harmonisch aufeinander und auf die Vorgänge in der Natur abgestimmt, auch auf die verschiedenen Jahreszeiten.

Auch das Prinzip der Schlichtheit und Bescheidenheit (Wabi-Sabi) spielt eine wichtige Rolle. Deshalb sind die Teeräume meistens sehr einfach gestaltet, um die ganze Aufmerksamkeit der Teilnehmenden auf das Wesentliche zu richten.

Ein japanischer Teeraum

Was geschieht bei einer Teezeremonie? Die Abläufe können je nach Schule des Tee-Weges variieren, aber ihnen allen gemeinsam sind die bedächtigen und wie in Zeitlupe durchgeführten Bewegungen, wie in einer sorgfältig einstudierten Choreografie. Die Zeremonie kann mehrere Stunden dauern, aber in manchen Einrichtungen gibt es auch etwa einstündige Kurzversionen für Einsteiger.

SCHRITTE AUF DEM WEG DES TEES

Jetzt möchte ich Ihnen kurz erklären, wie eine Teezeremonie abläuft.

Der Gartenpfad: Vor dem Beginn der Zeremonie beschreiten die Gäste einen Gartenpfad, um die Unruhe des Alltags abzulegen und sich gedanklich auf die Teezeremonie vorzubereiten.

Die Reinigung: Vor dem Teehaus oder Teeraum befindet sich ein Wasserbecken, an dem sich die Gäste Hände und Mund reinigen – als symbolische Reinigung von allem Bösem und Schlechten. Vor dem Betreten des Teehauses werden die Schuhe ausgezogen.

Traditioneller Teegarten

Die Mahlzeit: Teezeremonien können bis zu vier Stunden dauern. Deshalb wird vor dem eigentlichen Aufguss des Tees noch ein leichtes Essen *(Kaiseki)* gereicht. Nach dem Essen verlässt man den Raum noch einmal.

Die Einladung: Der Teemeister oder Gastgeber lässt fünf Mal einen Gong erklingen. Damit lädt er die Gäste in den Teeraum ein. Dort sitzt man im *Seiza* (japanischer Fersensitz) oder im Schneidersitz.

Die Reinigung der Utensilien: Der Teemeister oder der Gastgeber reinigt Teeschale, Tee-Besen und Tee-Bambuslöffel und erwärmt das Wasser. Alle Handgriffe sind genau vorgeschrieben. Während der Vorbereitungsphase verhalten sich Gastgeber und Gäste so still, dass sogar das kleinste Geräusch (z. B. herunterfallende Wassertropfen) vernommen werden kann.

Die meisten Handgriffe während der Zeremonie sind symbolischer Natur und werden von Generation zu Generation überliefert. Bei diesen Routineschritten ist man vollauf im gegenwärtigen Augenblick verhaftet, ohne daran zu denken, was als Nächstes kommt.

Die Darbietung des Tees: Meistens wird bei Teezeremonien Matcha angerührt. Zwei gehäufte Bambuslöffel voll Matcha kommen ins Trinkgefäß, eine Kelle Wasser wird darüber gegossen. Mit dem Bambusbesen wird der Tee „geschlagen", mit schnellen Bewegungen aus dem Handgelenk heraus. Dann wird das Trinkgefäß im Uhrzeigersinn gedreht, bis die „schöne" Vorderseite den Gästen zugewandt ist. Der Teemeister oder Gastgeber überreicht die gefüllte Teeschale dann dem ersten Gast, der diese mit einer Verbeugung entgegennimmt.

Zubereitung des Matcha

Die Teeschale: Vor dem Trinken sind auch die Handgriffe des Gastes vorgeschrieben. So muss dieser u. a. die Teeschale zweimal drehen, da man nicht von der „schönen" Vorderseite der Schale trinkt.

Die Weitergabe der Teeschale: Die Schale wird dann von Gast zu Gast gereicht und zwischendurch am Rand abgewischt, meistens mit einem roten Tuch, das auf eine bestimmte Art gefaltet ist. Die Gespräche im Teeraum konzentrieren sich ausschließlich auf die Qualität und die Zubereitung des Tees.

Die Philosophie der Teezeremonie: Jeder Augenblick ist eine Chance und man sollte jeden Augenblick wertschätzen. Mit diesem Gedanken bereitet

Die Teeschale wird weitergereicht.

der Gastgeber alles für die Zeremonie vor. Selbst wenn sich dieselben Gäste erneut treffen, ist es nicht derselbe Augenblick wie vorher.[23]

Möchten Sie vielleicht auch einmal an einer japanischen Teezeremonie teilnehmen? In Deutschland gibt es verschiedene Einzelpersonen oder Einrichtungen, die solche Zeremonien anbieten, z. B. in Frankfurt am Main der Verein Chado Urasenke Tankokai (Frankfurt Association). Weitere Informationen finden Sie unter: http://www.urasenke.de/

Matcha Latte

ZUTATEN

- 50 ml Wasser, 80 Grad warm
- 200 ml Milch oder Sojamilch, erwärmt und aufgeschäumt (s. unten)
- bei Bedarf etwas Zucker oder Honig
- ½ Teelöffel Matcha

ZUBEREITUNG

Den Matcha in eine kleine Schüssel oder eine größere Teeschale geben, Wasser darüber gießen und gut verrühren, am besten mit einem Bambusbesen. Danach den Tee in ein hohes Glas gießen, nach Bedarf süßen (kann man auch weglassen). Die erwärmte Milch oder Sojamilch mit einem elektrischen Milchaufschäumer aufschäumen und über den Tee gießen.

Eine Empfehlung von mir: Die Japaner lieben Süßigkeiten und sogar Eiscreme mit Matcha. Probieren Sie doch einmal diese einfachen Matcha-Kekse!

Matcha-Kekse

ZUTATEN

- 2 gestrichene Teelöffel Matcha
- 3 Esslöffel Milch (oder pflanzliche Alternative)
- 1 Teelöffel Vanillezucker
- 80 g Puderzucker (durch ein Sieb drücken)
- 200 g Dinkelmehl Type 630
- 120 g zimmerwarme Butter (oder Margarine)

ZUBEREITUNG

Die trockenen Zutaten wie Mehl, Puderzucker, Vanillezucker und Matcha in eine Schüssel geben und gut vermischen. Milch und Butter (Margarine) hinzufügen und alles mit dem Handmixer oder der Küchenmaschine zu einem festen Teig verkneten. Den Teig mit Frischhaltefolie abdecken und 30 Minuten in den Kühlschrank stellen.

Danach den Teig kurz noch einmal mit den Händen kneten und auf einem bemehlten Brett etwa einen halben Zentimeter dick ausrollen. Mit Plätzchenformen ausstechen und die Kekse auf ein mit Backpapier ausgelegtes Backblech legen. Man kann den Teig auch, ohne ihn auszurollen, zu gleichmäßigen kleinen Kugeln formen und plattdrücken. Das ergibt dann runde Kekse. Die Kekse im auf 160° C (Ober- und Unterhitze) vorgeheizten Backofen 15-20 Minuten lang backen. Abkühlen lassen und genießen!

INDIEN
Ein Paradies für Teeliebhaber

„Möchten Sie noch ein Dessert?", fragt Lali, der freund-
liche aus Indien stammende Wirt des an einem idyllischen Steinbruchsee gelegenen Restaurants, während er
die leeren Teller abräumt. „Vielen Dank, aber wir sind
so richtig schön satt", antwortet meine Freundin. „Ein
Cappuccino wäre jetzt der richtige Abschluss." Ich habe
eher Lust auf einen Tee. „Ich weiß, er steht nicht auf der
Karte, aber könnte ich vielleicht einen authentischen
Masala Chai bekommen?"

Lali sieht mich verblüfft und gleichzeitig freudig
überrascht an. „Wirklich? Ich habe so viele Gäste, aber

Sie sind die Erste, die einen Masala Chai bestellt. Wissen Sie, wie dieser Tee zubereitet wird? Das dauert ein bisschen." – „Das Warten wird sich bestimmt lohnen", erwidere ich, „aber wenn es zu viele Umstände macht, nehme ich einen Espresso." – „Ich frage gleich mal in der Küche – die Gewürze haben wir ja da."

Kurz darauf kommt Lali freudestrahlend zu unserem Tisch zurück, im Schlepptau den breit grinsenden Koch, der unbedingt sehen will, wer von seinen Gästen diesen außergewöhnlichen Wunsch hat. „Wir machen Ihnen einen Masala Chai nach unserem Familienrezept", verspricht er und verbeugt sich leicht.

Nach der angekündigten Warte-  zeit stellt Lali ein großes Glas vor mich hin, gefüllt mit einer hellbraunen Flüssigkeit, die gekrönt ist von einer dünnen Schaumschicht. Der köstliche Duft weckt in mir sofort Erinnerungen an orientalische Märkte mit ihren offenen Gewürzständen, wie ich sie bei meinen Besuchen in Israel und Ägypten kennengelernt habe. Lali bleibt abwartend stehen, bis ich den ersten Schluck vom heißen Getränk genommen habe. „Einfach herrlich, genau so, wie er sein soll", schwärme ich und lächle Lali dankbar an.

Wir kommen ins Gespräch, über die Region in Indien, aus der er stammt und in der auch Tee angebaut wird, über seine Familie und darüber, dass er der Liebe wegen nach Deutschland gekommen ist.

Als Lali sich schließlich wieder den anderen Gästen zuwendet, meint meine Freundin: „Jetzt kenne ich Lali schon einige Jahre, aber so viel hat er noch nie von sich erzählt." – „Da siehst du mal", sage ich schmunzelnd, „was Tee alles bewirken kann."

DAS LAND DER KONTRASTE

Sie haben es bestimmt schon erraten: Unsere Reise in die Welt des Tees führt uns diesmal nach Indien und in die Nachbarregionen dieses faszinierenden Landes.

Die Gipfel des Himalayas im Norden

So gegensätzlich wie die Landschaften, so unterschiedlich sind auch die Bewohner des Indischen Subkontinents mit seinen vielen verschiedenen ethnischen Gruppen, Völkern und Stämmen. Und genauso vielfältig sind auch die Tees, die hier angebaut werden. Von den schneebedeckten Gipfeln des Himalayas im Norden bis zu den tropischen Regenwäldern im Süden, von den Stromschnellen des Brahmaputra bis zu den fruchtbaren Ebenen des träge fließenden Ganges überrascht das Land mit landschaftlichen und kulturellen Kontrasten, die auch die unterschiedlichen Geschmacksrichtungen der indischen Tees prägen. Indien ist ein wahres Paradies für Teeliebhaber.

Einer von ihnen war der berühmte Schriftsteller George Orwell. Seine Vorliebe für indische Tees ist sprichwörtlich – wie auch seine elf goldenen Regeln für die perfekte Tasse Tee. Schon in der ersten Regel empfiehlt er: „Als Erstes sollte man Tee aus Indien oder Ceylon [dem heutigen Sri Lanka] verwenden. Tee aus China hat seine Vorzüge, die man heutzutage nicht verachten sollte. Er ist sparsam in der Anwendung, und man kann ihn ohne Milch trinken, aber damit erschöpft sich schon sein Reiz. Man fühlt sich nicht klüger, tapferer oder optimistischer, nachdem man ihn getrunken hat. Jeder, der jene tröstliche Redewendung ‚eine gute Tasse Tee‘ benutzt, meint damit ausnahmslos Tee aus Indien.“24

Der gemächlich fließende Ganges

WIE DER TEE NACH INDIEN KAM

Die Tatsache, dass heute eine von vier Tassen Tee, die weltweit getrunken werden, mit Teeblättern aus Indien zubereitet wird, verdanken wir den Engländern und ihrem schier unerschöpflichen Tee-Durst. Seit dem 17. Jahrhundert war Tee in England äußerst beliebt und er wurde lange Zeit aus China importiert.

Die Chinesen nutzten ihr Tee-Monopol aus, indem sie die Preise und Bedingungen für den Tee-Handel diktierten, aber auch aus anderen Gründen kam es immer wieder zu politischen und militärischen Konflikten zwischen England und China. Deshalb suchten die Engländer nach neuen Wegen, um an ihr geliebtes Heißgetränk zu kommen.

Im Jahr 1825 war es dann so weit: Man wagte den ersten Versuch, Tee in Indien zu kultivieren.

Die Vorgeschichte zu diesem Experiment liest sich wie ein klassischer Spionagekrimi. Die Briten engagierten einen Botaniker, der herausfinden sollte, wie der Teeanbau in China funktionierte. Mit seiner Hilfe schmuggelte man chinesische Teepflanzen über die Grenze nach Indien. Dort wollte man sich die in China ausspionierten Geheimnisse des Teeanbaus zunutze machen.

Es folgte ein turbulenter Prozess des Ausprobierens, zuerst im Tal von Assam, einer üppig grünen, vom Fluss Brahmaputra durchzogenen Region, die bewusst wegen ihrer Nähe zur chinesischen Provinz Yunnan ausgewählt wurde, weil der Weg für die Teepflanzen-Schmuggler kürzer war.

Um eine lange Geschichte kurz zu machen: Die ersten Tee-Experimente scheiterten, weil die chinesischen Teepflanzen andere klimatische Bedingungen gewohnt waren und im feuchtwarmen Klima von Assam nicht heimisch werden wollten.

Wie so oft in der Geschichte des Tees betrat jetzt der „Kollege Zufall" die Bühne. Und wieder spielten englische Botaniker und Missionare eine wichtige Rolle. Bei ihren Dschungel-Expeditionen entdeckten sie eine Teepflanze, die bereits in der Region Assam wuchs. Es war also keine echte Neuentdeckung, denn die Bewohner des Gebiets kannten dieses Gewächs schon sehr lange. Sie nutzten die Blätter als Gemüse, zubereitet mit Öl und Knoblauch, und brauten aus den Teeblättern auch ein teeähnliches Getränk.

Jetzt konnte sie beginnen, die Erfolgsgeschichte des Teeanbaus in Indien. Nach ersten Startschwierigkeiten beim Experimentieren mit den in Indien heimischen Teepflanzen wurde die von den Briten zunächst übersehene Sorte aus der Region Assam zum Inbegriff für englischen Tee und Assam zur größten Teeregion der Welt. Ihre Beliebtheit verdanken die Assam-Schwarztees ihren kräftigen, malzigen Aromen und ihrer Robustheit, die auch Milch und Zucker nicht übel nimmt.

Anfänge des Teeanbaus in Assam

Jetzt fragen Sie sich vielleicht: Was ist mit den so abenteuerlich aus China nach Indien geschmuggelten Teepflanzen passiert? Hat man sie einfach vergessen? Keineswegs! Anders als bei der bewusst wegen ihrer Nähe

Vor malerischer Kulisse: Teegarten in Darjeeling

zu China ausgewählten Region Assam war das an den südlichen Hängen des Himalayas gelegene Darjeeling, heute die zweitwichtigste Region für den Teeanbau in Indien, zunächst ein Urlaubsort. Gestresste Briten und Inder aus der Oberschicht flüchteten im Sommer vor der Hitze in den Ebenen in die hoch gelegene Bergregion mit ihren idyllischen Orten.

Wieder war es ein Botaniker, der ein Jahrzehnt nach den Experimenten in Assam in seinem privaten Garten Teeschösslinge aus China anpflanzte. Die chinesische Art des Teestrauchs fühlte sich in der frischen Bergluft viel wohler als im tropisch warmen Assam und es dauerte nicht lange, bis im kleinen Luftkurort und der näheren Umgebung die ersten Teegärten entstanden.

   Hier wird auch heute noch der Tee in Handarbeit geerntet, weil Erntemaschinen an den steilen Hängen keine Chance haben. Über den Geschmack des fertigen Tees entscheidet der Zeitpunkt der Ernte. Die beiden wichtigsten Ernten finden im Frühjahr und im Sommer

statt. Erfahrene Pflückerinnen
zupfen im Frühjahr die ersten zarten Blattspitzen ab, die
sich nach dem langen Winter
zeigen. Kostet man einen blü-
tenzarten, duftigen Darjeeling First Flush („erste Ernte")
und im Vergleich dazu einen
vollmundigen, duftig-aroma-
tischen Darjeeling Second

Tee aus Darjeeling: blütenzart
oder duftig-aromatisch

Flush (aus der Sommer-Pflückung), weiß man, warum
Indien ein Paradies für Teeliebhaber ist.

Zu Recht wird Tee aus Darjeeling auch als „Champagner
unter den Tees" bezeichnet. Die edlen Sorten aus dieser
Region wurden im Laufe der Zeit genauso begehrt und
beliebt wie die malzig-kräftigen Schwarztees aus Assam.

WIE TRINKT MAN TEE IN INDIEN?

Der Tag beginnt früh in Rettanai, einem kleinen indischen Bauerndorf in der Provinz Tamil Nadu. Bereits
um vier Uhr morgens regen sich die Kühe in den Stäl-
len und auf den Weiden. Die Hähne beginnen mit ihrem
Morgenkonzert.

Am Tee-Stand von Mohan herrscht schon jetzt ge-
schäftiges Treiben. Die Bauern wollen frühzeitig ins
Feld, damit sie vor der großen Mittagshitze mit ihrer
Arbeit fertig sind. Sie versammeln sich um den ältes-
ten Tee-Stand des Dorfes zu ihrem morgendlichen Auf-

wach-Tee, dem von Mohan mit Milch zubereiteten Masala Chai. Seit vierzig Jahren treffen sich hier Männer (und gelegentlich auch Frauen), um bei einem Becher des indischen Nationalgetränks über das Dorfgeschehen zu sprechen, Zeitung zu lesen und sich auf den vor ihnen liegenden Tag vorzubereiten.[25]

Ein Chai Wallah bei der Arbeit

In Indien gehören sie zum Straßenbild, ob in einer Großstadt wie Neu-Delhi oder in kleinen Dörfern der ländlichen Regionen. Manchmal sind sie mobil unterwegs, häufiger haben sie einen kleineren oder größeren Stand, der tagein, tagaus von durstigen Kunden bevölkert wird. Die Rede ist natürlich von den „Chai Wallahs", den Frauen oder Männern, die den Masala Chai, das indische Nationalgetränk, zubereiten und verkaufen.

Vor dem Beginn des Teeanbaus war der aus China importierte Tee ein teures Luxusprodukt, das der Oberschicht und den Vertretern der britischen Kolonialmacht vorbehalten war. Das änderte sich erst, als die Teegärten in Indien größere Mengen produzierten und immer mehr Menschen auf den Tee-Geschmack kamen. Heute werden 70 Prozent des im Land produzierten Tees von den Indern und Inderinnen selbst getrunken, oft mehrmals täglich und von allen Schichten der Bevölkerung.

Weil die Teekultur in Indien vergleichsweise jung ist, gibt es – anders als zum Beispiel in China und Japan – keine Teezeremonie mit festen Regeln und Abläufen. Stattdessen haben sich im Laufe der Zeit verschiedene Arten der Teezubereitung entwickelt.

Die „Anglophilen" unter den Indern orientieren sich noch immer an den Tee-Trink-Gewohnheiten der Engländer. Sie genießen den Tee mit Milch oder Zitrone verfeinert und lieben die Tradition des „Five o'Clock Tea" (Fünfuhrtee).

WÜRZIG UND SÜSS ZUGLEICH: MASALA CHAI

Viel populärer ist jedoch der Masala Chai, das indische Nationalgetränk per se. Masala Chai bedeutet übersetzt so viel wie „Tee-Mischung". Traditionell enthält der Masala Chai neben einem starken Schwarztee, meistens einem Assam, und Milch eine Vielzahl von Gewürzen. Die Menschen in Indien haben wohl schon lange vor dem Beginn des Teeanbaus einen Gewürztee getrunken, allerdings pur, ohne Tee, nur mit Gewürzen. Ihren Ursprung haben diese Gewürztees in der ayurvedischen Gesundheitslehre, in der Kräuter und Gewürze einen festen Platz auf dem Speiseplan haben.

In Indien wird der Masala Chai nicht wie bei uns mit Wasser aufgebrüht, sondern in Milch aufgekocht. Verfeinert wird alles mit fein zerstoßenen Gewürzen wie Zimt, Nelken, Anis, Kardamom oder Ingwer. Gesüßt wird das Getränk mit viel Zucker oder Honig. Nach etwa zehn Minuten wird alles durch ein Sieb abgegossen.

Bevor der Masala Chai serviert wird, schöpft man ihn mehrfach mit einer Kelle ab und gießt ihn zurück in den Topf. Dadurch wird Luft in die Milch-Teemischung geleitet, ähnlich wie beim Aufschäumen von Milch. So bekommt der Masala Chai seine charakteristische cremige Konsistenz.

Zubereitung von Masala Chai

Ein festes Rezept für den Masala Chai gibt es nicht, fast jede Familie in Indien hat ihre eigene Variation, vor allem bei der Gewürzmischung.

Auch die Art der Zubereitung unterscheidet sich von Region zu Region, manchmal mit für europäische Gaumen kurios anmutenden Zutaten. Hier zwei „gemäßigtere" Beispiele: Im nordwestlich gelegenen Kaschmir greift man statt nach dem sonst üblichen Schwarztee lieber zu grünem Tee, der mit Kardamom und Safran aufgekocht und manchmal auch mit Mandeln und Rosenknospen verfeinert wird. In der Himalaya-Region wandert eine Prise Salz in den Tee und statt Kuhmilch wird Ziegenmilch verwendet.

KALORIENREICH UND NAHRHAFT: BUTTERTEE

Im äußersten Norden Indiens und in den extremen Höhenlagen von Nepal, Bhutan und Tibet bereiten die dort lebenden Menschen den Tee so zu, dass er für uns Europäer eher einer Mahlzeit als einem Genussmittel ähnelt. Der nahrhafte und kalorienreiche Buttertee ist in diesen Regionen ein Alltagsgetränk, in Tibet sogar das Nationalgetränk.

Für den Buttertee verwendet man in der Regel Ziegeltee (das ist heutzutage meistens der zu handlichen, leicht transportierbaren Formen gepresste Pu Erh Tee) oder aber lose Teeblätter. Vom Ziegeltee wird ein Stück abgebrochen, zerrieben und in Wasser so lange gekocht, bis ein Teekonzentrat entstanden ist.

Danach wird der Tee durch ein Sieb abgegossen und mit Salz und Butter vermischt. In den Bergregionen wird häufig Butter aus der Milch des Yak-Rindes verwendet, es kommt aber auch Kuhmilch zur Anwendung.

Ziegeltee

Bei der traditionellen Zubereitungsweise wird die Mischung aus Tee und Salz in ein zylindrisches Butterfass gegossen, in dem vorher die Yak-Milch zu Butter geschlagen wurde. Dann wird alles kräftig gestampft, und zwar so lange, bis eine ölig-fettige Emulsion entsteht. Sie erinnert eher an eine nahrhafte Suppe als an Tee und ist für unsere Gaumen sehr fremd im Geschmack.

Buttertee war im tibetischen Hochland bereits vor über 1000 Jahren bekannt und breitete sich schnell in der gesamten Region aus. Das Monopol für Herstellung und Verkauf hatten bald die mächtigen buddhistischen Klöster. Jahrhundertelang durften die leibeigenen tibetischen Bauern nicht ihren eigenen Buttertee herstellen. Erst seit dem Beginn des letzten Jahrhunderts fiel das Monopol der Klöster und die Herstellung von Buttertee war auch einfachen Bürgern, Bauern und Nomaden erlaubt.

Getränk, Mahlzeit und Symbol der Gastfreundschaft: Buttertee

Rund um den Buttertee hat sich in Tibet und auch in Nepal eine eigene Teekultur entwickelt. So wird er bereits morgens zum Frühstück getrunken, und zwar nicht aus Tassen, sondern aus kleinen Teeschalen. Zu jeder weiteren Mahlzeit wird ebenfalls Buttertee serviert und manchmal ersetzt das nahrhafte, kalorienreiche Getränk auch ein Mittag- oder Abendessen.

Auch Gästen wird immer ein Buttertee kredenzt, wobei die Teeschale nicht leer werden darf. Durch das Nachschenken signalisiert der Gastgeber, dass man als Gast noch willkommen ist.

Wenn Sie die faszinierende Tee-Vielfalt des Subkontinents auf der Zunge spüren oder auch das Nationalgetränk der Tibeter probieren möchten, testen Sie eines der folgenden Rezepte.

Zwei Blätter, eine Knospe – die Basis für Spitzentees!

Masala Chai

ZUTATEN

- 500 ml Bio-Milch
- 1 gehäufter EL Schwarztee, am besten ein kräftiger Assam
- 2 EL brauner Rohrzucker
- 5 cm Zimtstange
- 3 grüne Kardamomkapseln
- 3 bis 5 Gewürznelken
- 1 kleines Stück Muskatblüte (oder eine Messerspitze gemahlene Muskatblüte, Vorsicht bei der Dosierung!)

ZUBEREITUNG

Alle Gewürze in einem Mörser zerstoßen und vorsichtig im Topf erhitzen. Wenn der Gewürzduft aufsteigt, die Milch angießen. Bei mittlerer Hitze aufkochen. Wenn die Milch-Gewürz-Mischung sprudelnd kocht, den Schwarztee einstreuen. Nach Geschmack süßen. Ein paar Minuten ziehen lassen, dann den Chai durch ein Sieb in Tassen oder Becher gießen.

Kashmiri Chai
(Kaschmir-Tee)

ZUTATEN

- 600 ml Wasser
- 300 ml Milch
- 1 EL Zucker
- 1 EL gehackte Mandeln
- 5 Kardamomkapseln
- 1 Stange Zimt
- ½ Vanilleschote
- 2 TL Assamtee

ZUBEREITUNG

Wasser und Milch in einem Topf mischen und erhitzen – nicht kochen! Alle übrigen Zutaten zugeben (am besten in ein großes Teesieb oder auch in einen Teefilter füllen) und 30 Minuten ziehen lassen.

Tibetischer Buttertee

ZUTATEN

- ca. 15 g Schwarztee
- 1 l kaltes Wasser
- 200 ml Vollmilch
- 50 g Süß- oder Sauerrahmbutter
- 1 gestrichener TL Salz

ZUBEREITUNG

Das Wasser mit dem Tee in einen Topf geben und aufkochen, abdecken und auf kleiner Flamme noch ca. 15 Minuten köcheln lassen. Den Tee durch ein Sieb abgießen und den Tee-Sud zurück in den Topf geben. Salz, Milch und Butter hinzufügen und alles kräftig mit dem Schneebesen oder besser mit einem elektrischen Mixer durchschlagen, bis sich alle Zutaten gleichmäßig mit dem Tee vermischt haben.

RUSSLAND
Das Land der Samoware

Nachdem ich meiner Arbeitskollegin Nadja mehr Fragen über die russische Teekultur gestellt habe, als sie beantworten konnte, hat sie mich schließlich zu einer Teestunde bei ihrer Mutter eingeladen.

Nadjas Familie stammt aus Russland und der kräftige Schwarztee wird bei ihren Eltern zu besonderen Anlässen noch immer auf traditionelle Weise serviert. Frau Smirnow[26] hat mir zuliebe sogar den Samowar, ein gehegtes und gepflegtes Familienerbstück, herausgeholt. Draußen ist es klirrend kalt, aber das leise Blubbern und Zischen des Samowars und der reich gedeckte Teetisch lassen uns den grauen Februarnachmittag schnell vergessen.

Staunend betrachte ich den liebevoll gedeckten Tisch, auf dem Teller mit selbst gebackenem Kuchen stehen, Schalen mit runden Haferplätzchen, eine kleine Auswahl Prjaniki, den berühmten Honigkuchen aus Tula, und Suschki, steinharte Kringel-Kekse, die manchmal auch an einer Schnur am Samowar baumeln. Das ist aber noch nicht alles, denn es gibt auch mit Butter bestrichenes Weißbrot.

Ein reich gedeckter Teetisch

EINE TEESTUNDE MIT LEKTIONEN IN RUSSISCHER TEEKULTUR

Aber halt – etwas fehlt: Die Teekanne! Und schon beginnt meine erste Lektion in russischer Teekultur: Auf dem etwa drei Liter Wasser fassenden Samowar steht ein kleines Kännchen. „Ist in diesem Kännchen das heiße Wasser?", frage ich verdutzt. Frau Smirnow muss schmunzeln. „Nein, das Wasser kommt aus dem Hahn am Samowar. In dem Kännchen, dem Tschajnik, ist der Tee. Moment, ich zeige es Ihnen." Sie nimmt mein Teeglas, gießt ein Drittel Tee aus dem Tschajnik ein und füllt den Rest mit dem heißen Wasser aus dem Samowar auf.

„Wird der Tee nicht zu dünn, wenn man ihn so serviert?", will ich wissen. „Nein", antwortet Frau Smirnow. „Der Tee wird sehr stark aufgebrüht. Ich nehme 20 Teelöffel Teeblätter auf einen Liter Wasser, lasse den Tee etwa vier Minuten lang ziehen und dann werden die Teeblätter durch ein Sieb und der fertige Tee wieder in den Tschajnik gegossen. Dieses Teekonzentrat, das bei uns Sawarka heißt, muss man immer verdünnen, sonst wäre der Tee ungenießbar." Aha, deshalb darf auch die große Zuckerdose auf dem Teetisch nicht fehlen, denke ich.

Diese Art der zweistufigen Teezubereitung ist ein einzigartiges Merkmal der russischen Teekultur. „In unserem hektischen Alltag machen wir es uns ein bisschen einfacher. Wir benutzen nicht den Samowar, sondern brühen die Sawarka auf und lassen sie den ganzen Tag lang stehen. Wenn wir einen Tee trinken wollen oder überraschend Besuch kommt, gießen wir das Konzentrat in die Teegläser und füllen es mit kochendem Wasser auf. So haben wir immer einen Tee parat."

Samowar mit Tschajnik

Neben jedem Teeglas steht ein kleines Schälchen mit Marmelade. „Ist die selbst gemacht? Ich liebe hausgemachte Marmelade!" Rasch nehme ich mir eine Scheibe Weißbrot und dann einen Löffel voll Marmelade, um sie auf das Butterbrot zu streichen. Nadja muss laut lachen, als sie das sieht. „Nicht aufs Brot! Das ist Warenjie für den Tee, die ist viel zu flüssig, um sie als Brotaufstrich zu verwenden", erklärt sie.

Dann zeigt sie mir, wie man es richtig macht. Sie nimmt erst einen Löffel Warenjie in den Mund und dann einen Schluck Tee. Das also ist meine zweite Lektion in russischer Teekultur. Ich mache es Nadja nach. Die süße, fast flüssige Marmelade vermischt sich mit dem leicht bitteren Aroma des kräftigen Schwarztees.

Für mich als Kennerin der englischen Teekultur ist diese Art, den Tee zu genießen, eine überraschend neue Erfahrung. Neugierig nehme ich noch einen kleinen Löffel Warenjie und probiere sie pur. Ich bin erstaunt über das volle, köstliche Fruchtaroma dieser Mischung aus ganzen Erdbeeren und Himbeeren. „Was ist bei der Warenjie anders als bei unserer deutschen Marmelade?", frage ich Frau Smirnow. „Wir benutzen kein Geliermittel, sondern nur Zucker, und wir kochen die ganzen Früchte ein. Ich gebe Ihnen gerne ein Rezept, wenn sie es selbst versuchen wollen,

Warenjie, eine süße Köstlichkeit

denn in hier in Deutschland gibt es die Warenjie nur selten zu kaufen."

Mein Blick fällt auf die Teller mit dem Gebäck. Nach dem Erlebnis mit der Marmelade bin ich ein wenig vorsichtiger geworden. „Was macht man mit den Keksen? Isst man die zum Tee?", frage ich. „Bitte greifen Sie zu, dann zeige ich Ihnen, wie wir es machen", antwortet Frau Smirnow.

Ich nehme mir einen runden Haferkeks und zwei von den Kringel-Keksen. „Die sind ja steinhart", bemerke ich. „Das muss auch so sein, und jetzt passen Sie auf." Frau Smirnow nimmt einen Kringel-Keks und taucht ihn in ihr Teeglas. Dann erst beißt sie ein Stückchen ab und trinkt einen Schluck Tee. „Die Suschki und die Haferkekse tunken wir in den Tee. Deshalb sind diese Kekse so hart." Jetzt habe ich meine dritte Lektion in russischer Teekultur gelernt.

Typisch russisch: harte Kekse zum Tee

EIN AUSFLUG IN DIE GESCHICHTE

Frau Smirnow hat ihre Tochter Nadja und mich nicht nur zu einer gemütlichen Teestunde eingeladen, sondern sie möchte mir auch etwas von ihrem umfassenden Wissen über die russische Teekultur weitergeben. „Wann ist der Tee eigentlich nach Russland gekommen?", frage ich. Frau Smirnow nimmt sich einen von den Kringel-Keksen, tunkt ihn in ihren Tee und steckt ihn mit einem genießerischen Lächeln in den Mund. Sie nimmt noch einen Schluck Tee und dann beginnt sie zu erzählen.

Wann genau die Geschichte des Tees in Russland beginnt, steht nicht so ganz fest, denn darüber gibt es verschiedene Berichte. Einer Quelle zufolge soll 1638 ein mongolischer Herrscher dem damaligen Zaren eine Ladung Tee geschenkt haben. Andere erzählen von einem russischen Gesandten in China, der zwanzig Jahre früher den ersten Tee von dort nach Russland schickte. Wahrscheinlicher ist jedoch, dass die Russen schon zu einem viel früheren Zeitpunkt mit Tee in Berührung gekommen sind. Schließlich grenzt Sibirien an die Mongolei und China und Karawanen sorgten für einen regen Handel zwischen Russland und seinen Nachbarn.[27]

„Die Seidenstraße ist uns noch aus Geschichtsbüchern bekannt, aber kennen Sie auch die Teestraße?", fragt mich Frau Smirnow. „Nein, bis jetzt noch nicht", erwidere ich schmunzelnd. „In der an der chinesischen Grenze gelegenen Stadt Nertschinsk wurde 1689 ein Vertrag geschlossen. Händler konnten jetzt frei zwischen Russland und China verkehren. Das war die Geburtsstunde der so genannten Teestraße, deren Hauptroute von der chinesischen Stadt Taiyuan bis nach Moskau reichte. Von dort aus ging es weiter nach Sankt Petersburg. Insgesamt waren das etwa 10 000 Kilometer durch Wüsten, über Berge, durch Sümpfe und Flüsse. Der Weg für die Karawanen war beschwerlich und es lauerten so manche Gefahren auf der Strecke. Oft waren die Händler bis zu einem Jahr auf der Teestraße unterwegs."

Skulpturen einer Teekarawane auf der Teestraße in Lijiang, China

„War der Tee denn nicht extrem teuer, bei diesem langen Transportweg und dem Aufwand, der dabei getrieben wurde?", möchte ich wissen. „Zu Beginn war Tee ein Luxus, den sich nur die Wohlhabenden leisten konnten. Um die Mitte des 17. Jahrhunderts war dieses Getränk nur in Moskau und in wenigen anderen Städten allgemein verbreitet, nicht aber im übrigen Russland", antwortet Frau Smirnow. „Die Einwohner von Moskau hatten damals den Spitznamen Teetrinker. Im 18. Jahrhundert sorgte aber die berühmte Zarin Katharina die Große dafür, dass mehr Tee importiert wurde. Die Preise wurden günstiger und das ehemalige Luxusgetränk erschwinglicher.

Erst später, im 19. Jahrhundert, wurde der Tee in ganz Russland zum Alltagsgetränk. Ein Grund dafür war auch der Bau der Transsibirischen Eisenbahn. Der Transportweg mit dem Zug war viel kürzer als die Reise der Karawanen. Man brauchte jetzt nur noch etwa eine Woche, bis der Tee in Russland ankam.[28] Auf diese Weise konnte man größere Mengen transportieren. Dadurch ist der Tee so populär geworden, dass er in Russland bis heute ein Symbol für Gastfreundschaft ist, und das hat sogar die Sprache geprägt. Hier in Deutschland lädt man Freunde und Bekannte auf eine Tasse Kaffee ein. In Russland sagt man: Komm doch mal auf eine Tasse Tee vorbei."

„Und was ist mit dem russischen Karawanentee? Ich habe neulich in einem Teegeschäft eine Sorte mit diesem Namen gesehen." – „Das ist heute eine Mischung aus verschiedenen, kräftigen Schwarztees. Oft enthalten diese Mischungen auch den chinesischen Lapsang Souchong mit Raucharoma, denn die Samoware wurden in früheren Zeiten mit Holz oder Holzkohle beheizt. Dadurch hat der Tee immer einen leichten Rauchgeschmack bekommen."

Feudale Prachtstücke im Samowar-Museum von Tula

TULA, DIE STADT DER SAMOWARE

„Sie haben mir gerade das Stichwort für unser nächstes Thema geliefert." Mein Blick fällt auf den silbrig glänzenden Samowar. Seine bauchige Form, die geschwungenen Griffe mit ihren Abschlüssen aus blau bemaltem Porzellan und der kunstvoll gearbeitete Wasserhahn machen das Gerät zu einem außergewöhnlichen Stück. „Woher haben Sie dieses schöne Teil? Ist es ein Sammlerstück?" Ich spüre, dass Frau Smirnow sehr stolz auf ihren Samowar ist. „Wissen Sie, unsere Familie hat in der Nähe von Tula gewohnt, und dort ist auch heute noch das Zentrum der Samoware in Russland. Unser Samowar ist schon recht lange in der Familie und er wurde früher tatsächlich noch mit Holzkohle beheizt. Später haben wir ihn in der Samowar-Fabrik in Tula umrüsten lassen. Jetzt hat er einen Stromanschluss, aber wir können ihn trotzdem noch mit Holzkohle beheizen, wenn wir mal im Garten oder auf dem Campingplatz sind. Solche Kombi-Samoware werden heute noch hergestellt.“

KLEINE UND GROSSE MEISTERWERKE

„Wie lange gibt es denn schon Samoware? Sind diese Geräte sehr früh entstanden oder erst in späterer Zeit?“ frage ich Frau Smirnow.

„Den Sbitennik, ein Gerät für die Zubereitung von Sbiten oder ‚russischem Glühwein‘, hat es schon lange vor dem Samowar gegeben. Dieses Gerät war ein Kessel mit einem eingelassenen Rohr für glühende Holzkohle oder Kohlestückchen. In wissenschaftlichen und literarischen Werken wird der Samowar zum ersten Mal um 1730 erwähnt. Geschickte Metallarbeiter kamen auf die Idee, den Sbitennik weiterzuentwickeln, zunächst im fernen Ural.[29] Man erzählt sich sogar, dass diese findigen Handwerker ursprünglich aus Deutschland stammten.

Gegen Ende des 18. Jahrhunderts beginnt in Tula die industrielle Fertigung der Samoware, zunächst in zwei Fabriken. Sie fragen sich jetzt vielleicht: Warum ausgerechnet in Tula, einer 200 Kilometer südlich von Moskau und deshalb nicht gerade zentral gelegenen Stadt? Bereits im 16. Jahrhundert hat man in der Umgebung von Tula große Mengen Eisenerz gefunden, und so hat sich die Stadt schnell zu einem Zentrum der Metallverarbeitung, vor allem der Herstellung von Waffen, entwickelt. Deshalb war es naheliegend, dass hier auch Samoware produziert wurden. Zu Beginn des 19. Jahrhunderts gab es in Tula bereits acht Samowar-Fabriken. Heute gibt es dort nur noch ein großes Werk, das Samoware in den unterschiedlichsten Varianten herstellt und in viele Länder exportiert."

VIELFALT DER FORMEN

„Gibt es so etwas wie ein Standardmodell?", möchte ich von Frau Smirnow wissen. „Am bekanntesten ist die bauchige Form und die meisten Modelle haben ein Fassungsvermögen von drei bis fünfzehn Litern. Ansonsten gibt es die unterschiedlichsten Varianten: Samoware, die wie Vasen aussehen, wie Pokale, Fässchen, Kugeln und viele weitere. Natürlich gibt es auch Unterschiede beim Fassungsvermögen. Zu den Verkaufsschlagern der Fabrik in Tula gehört zum Beispiel der nur 125 Gramm schwere und dreizehn Zentimeter hohe Souvenir-Samowar ‚Jasnaja Poljana', eine 50-fach verkleinerte Nach-

bildung des Samowars von Lew Tolstoi. Das Original befindet sich noch heute auf Tolstois Landgut Jasnaja Poljana.[30] Die 125 Milliliter Wasser in dem Miniaturmodell können mit Streichhölzern zum Sieden gebracht werden.

Und der größte Samowar der Welt fasst 555 Liter Wasser

Der Mini-Samowar: winzig, aber voll funktionsfähig!

und kann 2220 Menschen zugleich mit Tee versorgen. Mit angeschlossenem Kamin ist er zweieinhalb Meter, ohne Kamin ungefähr einen Meter siebzig hoch. Er wurde 2014 in Perm von Alexander Nowokschonow aus rostfreiem Stahl hergestellt und ins ‚Russische Buch der Rekorde' aufgenommen."[31]

Samoware in vielerlei Gestalt

EIN SYMBOL FÜR RUSSISCHE TEEKULTUR

„Wenn es den Samowar noch nicht so lange gibt, stellt sich für mich jetzt die Frage: Warum ist er in Russland in so kurzer Zeit so populär geworden und warum ist er bis heute das bekannteste Symbol für russische Teekultur und Gastfreundschaft?", frage ich weiter.

„Das hat sicher etwas damit zu tun, dass die Menschen in Russland heiße Getränke wie den ‚russischen Glühwein' schon kannten, lange bevor der Tee ins Land gekommen ist. Als der Tee zum Alltagsgetränk wurde, eroberte der Samowar auch die Wohnzimmer der ‚kleinen Leute'. Er wurde zum Mittelpunkt des Familienlebens, und zwar in den Städten genauso wie in den Dörfern.

Der Samowar fand auch Eingang in die Literatur, in die Dichtung und ins Theater. Berühmte Autoren wie Alexander Puschkin erwähnen ihn, Dostojewski, Tschechow und natürlich Lew Tolstoi, der in Jasnaja Poljana bei Tula geboren und aufgewachsen war. Auf seinem Gutshof nutzte er den Samowar täglich.[32] Sicher haben die Werke dieser Schriftsteller auch dazu beigetragen, dass der Samowar zum Inbegriff der russischen Teekultur und Gastfreundschaft wurde. Auch wenn die Familien ihren Samowar heute nur noch bei besonderen Anlässen auf den Tisch stellen, hat er dennoch einen festen Platz in unserem Herzen. Bei einer Teestunde wie unserer hier darf er natürlich nicht fehlen."

Inzwischen ist es draußen vor dem Fenster dunkel geworden. Die Teestunde hat sich bis weit in den Abend hingezogen, aber für uns ist die Zeit wie im Flug vergangen. Für mich wird es Zeit, mich auf den Heimweg zu machen. „Herzlichen Dank für diese schöne Teestunde, Frau Smirnow, und für die vielen Einblicke in die russische Teekultur." Zum Abschied drückt mir Frau Smirnow ein Stück Papier und ein Glas mit der leckeren Warenjie in die Hand. „Das Rezept und noch eine kleine Kostprobe. Und ich freue mich jetzt schon, wenn Sie wieder mal auf eine Tasse Tee vorbeikommen", sagt sie augenzwinkernd.

Tee altrussisch

ZUTATEN

- 0,5 l siedendes Wasser
- 8 TL Schwarztee (entweder eine fertige Mischung oder ein Assam bzw. Ceylon-Tee)
- Zucker
- eine unbehandelte Zitrone, in Scheiben geschnitten (kann man machen, muss man aber nicht)

ZUBEREITUNG

Die Teeblätter in eine vorgewärmte Kanne geben, mit dem siedenden Wasser aufgießen, fünf Minuten ziehen lassen, in eine andere Kanne gießen und auf dem Samowar warm stellen. Tee-Extrakt ins Teeglas füllen und mit heißem Wasser aus dem Samowar aufgießen (ein Drittel Tee, zwei Drittel Wasser). Je nach Geschmack Zucker und Zitrone hinzufügen.

Ein Tipp von mir: Es gibt im Teehandel bereits fertige Mischungen aus kräftigen Schwarztees zu kaufen, mit Namen wie „russischer Karawanentee", „St. Petersburger Teemischung" oder „Russischer Samowar-Tee". Für eine Teestunde im russischen Stil eignen sich jedoch auch alle kräftigen Schwarztees aus Indien (z. B. Assam) oder Ceylon (z. B. English Breakfast).

Tee im russischen Stil

ZUTATEN

· 0,5 l siedendes Wasser
· 8 TL Schwarztee, Milch oder flüssige Sahne
· nach Belieben
· Würfelzucker
· Warenjie

ZUBEREITUNG

Die Teeblätter in eine vorgewärmte Kanne geben, mit dem siedenden Wasser aufgießen, fünf Minuten ziehen lassen, in eine andere Kanne abgießen und auf dem Samowar warm stellen. Tee-Extrakt ins Teeglas füllen und mit heißem Wasser aus dem Samowar aufgießen. Milch oder Sahne nach Belieben hinzufügen. Ein Stück Würfelzucker im Mund behalten und den Tee schluckweise trinken.

Ein Tipp von mir: Statt des Würfelzuckers einen Teelöffel Warenjie zusammen mit dem Tee genießen.

Warenjie

Und hier ist das Rezept, das mir Frau Smirnow nach unserer Teestunde mitgegeben hat. Das Wort „Warenjie" lässt sich am besten mit „in süßer Flüssigkeit gekochte Süßigkeit" wiedergeben. Nach einer alten russischen Küchenweisheit kann man mit einem Teelöffel richtig zubereiteter Warenjie eine große Tasse Tee trinken.

ZUTATEN

· 500 g Früchte (man kann Süß- oder Sauerkirschen, Erdbeeren, Himbeeren, rote oder schwarze Johannisbeeren, Quitten oder Weintrauben verwenden),
· 1 EL Rum oder Cognac
· 2 TL Zitronensaft
· 500 g Zucker

ZUBEREITUNG

Die Früchte waschen und gut abtrocknen, große Früchte grob würfeln. Wenn Sie Süß- oder Sauerkirschen verwenden, können Sie die Kirschen entkernen, aber in Russland werden die Kerne in den Früchten belassen. Die vorbereiteten Früchte mit Rum oder Cognac beträufeln und 2 bis 3 Stunden stehen lassen. Zucker mit 250 ml Wasser zu einem Sirup kochen, ständig umrühren.

Obst und Zitronensaft hinzufügen, einmal aufkochen lassen. Die Masse vom Herd nehmen, den Schaum abschöpfen und ca. 4 Stunden lang abkühlen lassen. Das Ganze dreimal wiederholen, bis die Früchte auf den Boden des Kochtopfs sinken. Dann in Schraubgläser füllen und gut verschließen.

Ein Tipp von mir: Die Zubereitung ist recht aufwendig, aber der volle Fruchtgeschmack entschädigt Sie für diesen Aufwand!

Moskauer Kringel

ZUTATEN

· 50 g Butter
· 4 Eigelbe
· 3 EL Zucker
· 400 g Mehl
· 3 EL Saure Sahne
· 1 Prise Salz
· 10 g frische Hefe oder ein halbes Päckchen Trockenhefe

ZUBEREITUNG

Die Butter zerlassen, 3 Eigelbe und 2 EL Zucker hinein-
rühren. Die Hefe mit dem restlichen Zucker vermengen
und mit Mehl, Saurer Sahne und Salz in die Buttermi-
schung rühren. Einen festen Teig kneten und ca. eine
Stunde lang an einem warmen Ort gehen lassen. Kleine
Kringel formen und auf ein mit Backpapier ausgelegtes Backblech legen. Backofen auf 175 Grad vorheizen
(Ober-/Unterhitze). Die Kringel mit dem dritten Eigelb
bestreichen, mit etwas Zucker bestreuen und ca. 30 Minuten lang backen.

Salzige Kringel

ZUTATEN

- 800 g Mehl
- 2 Eier
- 2 EL Butter
- 40 g frische Hefe oder zwei Päckchen Trockenhefe
- 1 TL Salz
- Kümmel

ZUBEREITUNG

Variante 1: Trockenhefe unter das Mehl mischen, dann mit den Knethaken des Handmixers das Mehl mit lauwarmem Wasser verrühren, bis eine feste Masse entsteht. Eier und Butter und Salz unterrühren.

Variante 2: Das Mehl mit den Knethaken des Handmixers mit Wasser verrühren, bis eine feste Masse entsteht. Die frische Hefe in etwas warmem Wasser auflösen, der Masse hinzufügen, Eier, Butter und Salz ebenfalls unterrühren. Den Teig gut durchkneten, dann etwa eine Stunde lang gehen lassen, Kringel formen und diese zugedeckt noch einmal etwa eine halbe Stunde lang gehen lassen. Dann die Kringel mit einer Schaumkelle kurz in kochendes Wasser tauchen. Danach auf ein mit Backpapier ausgelegtes Backblech legen, mit Salz und Kümmel bestreuen und im vorgeheizten Backofen bei 175 Grad (Ober-/Unterhitze) ca. 30 Minuten lang backen.

ENGLAND
Eine Nation von Teetrinkern

„Emma, bitte reichen Sie mir mein Riechsalz. Mir ist so kurios zumute, ich meine, gleich niedersinken zu müssen", klagt die Herzogin von Bedford, eine Hofdame von Königin Victoria von England (1819–1901). „Die Zeit bis zum Abendessen will einfach nicht verstreichen. Was hilft denn bloß gegen dieses flaue Gefühl?"

„Wenn ich einen Vorschlag machen dürfte, Mylady", antwortet ihre Zofe. „Wie wäre es mit einem Spaziergang durch den Park? Dann denken Sie nicht mehr an Ihren Hunger."

„Das habe ich schon versucht, aber die frische Luft hat

mich noch hungriger gemacht", erwidert die Herzogin bekümmert. „Auch ein Mittagsschlaf hilft mir nicht, denn dann kann ich vor lauter Hunger nicht einschlafen. Aber wo steht geschrieben, dass ich am Nachmittag nichts zu mir nehmen darf? Emma, laufen Sie rasch in die Küche und lassen Sie sich von der Köchin einen Tee aufbrühen. Es ist jetzt nach vier. In der Küche fangen sie erst später an, das Abendessen zuzubereiten. Fragen Sie die Köchin, ob sie geruhen würde, für mich auch noch ein paar belegte Brote und ein, zwei Stückchen Kuchen zu richten. Klingt das nicht exzellent, Emma? Bitte beeilen Sie sich, ich liege darnieder vor Hunger!"

So oder so ähnlich könnte sie sich um das Jahr 1840 herum zugetragen haben: die Geburtsstunde des Nachmittagstees oder des *Afternoon Tea*, einer typisch englischen Institution. Tatsächlich ist es überliefert, dass die Herzogin von Bedford die Erste war, die den Afternoon Tea zunächst für sich selbst einführte, um die lange Zeit zwischen Mittag- und Abendessen zu überbrücken. Später lud die „hungrige" Herzogin ihre Freundinnen zu dieser kleinen Zwischenmahlzeit ein und führte diese Gewohnheit auch am Königshof in London weiter.

Die adligen Damen und sogar Königin Victoria waren begeistert von der Idee und schon bald wurde der Fünfuhrtee zu einer festen Einrichtung, zunächst in Adelskreisen. Da die Menschen aus der bürgerlichen Gesellschaftsschicht die Sitten und Gebräuche der Aristokraten genau beobachteten und gerne nachahmten, wurde der Nachmittagstee später auch in weiten Kreisen der Gesellschaft populär.

Aber wie und wann kam der Tee überhaupt nach England? Und warum ist er zum Inbegriff der englischen Lebensart geworden?

WIE DER TEE ENGLAND EROBERT HAT

Wieder einmal hält die Geschichte ein paar Überraschungen für uns bereit. Anders, als vielleicht vermutet, waren die Briten nicht die ersten Teetrinker in Europa. Lange bevor um die Mitte des 17. Jahrhunderts die ersten Teelieferungen aus China England erreichten, trank man Tee bereits in den Niederlanden (dort kamen die Schiffe aus Übersee zuerst an) und in Portugal. Das Lieblingsgetränk der Engländer war lange Zeit ein leichtes Bier (Ale), das man sich bereits zum Frühstück gönnte.

Und jetzt kommt die zweite Überraschung: Ihre Liebe zum Tee verdanken die Briten nicht etwa einem Landsmann oder einer Landsmännin, sondern einer Portugiesin! Die Prinzessin Katharina von Braganza heiratete im Jahr 1662 den englischen König Charles II., und weil Katharina eine passionierte Teeliebhaberin war, gehörte natürlich eine Kiste schwarzer Tee zu ihrer Mitgift.

Als Charles II. noch nicht König war, musste er nach einer verlorenen Schlacht gegen die Truppen des Puritaners Oliver Cromwell aus England fliehen. England wurde zur Republik, der König, Charles' Vater, hingerichtet. Der junge Mann verbrachte etliche Jahre im Exil.

Nach seiner Rückkehr, der Wiederherstellung der

Monarchie in England und seiner Vermählung mit der bereits erwähnten portugiesischen Prinzessin lud die junge Königin und Teeliebhaberin Damen des Adels zur Teestunde *(Tea Time)* am Nachmittag. Bei diesen ungezwungenen Treffen, den Vorläufern des Afternoon Tea, tranken die adeligen Ladys eine Tasse Tee und tauschten sich über die neuesten Gerüchte und Nachrichten aus.

Schnell entwickelten sich diese Zusammenkünfte zu einem Trend unter den Damen der feinen Gesellschaft, nicht nur wegen der Tassen aus kostbarem chinesischen Porzellan, in denen der Tee serviert wurde.

Kostbare Gefäße für kostbaren Tee

Die Teestunde war ein „erlaubtes" gesellschaftliches Ereignis für die Damen der Aristokratie, wohingegen sie die Kaffeehäuser, die sich bereits im Land verbreitet hatten und in denen ab 1700 auch Tee serviert wurde, nicht betreten durften. Die privaten Treffen zum Tee waren ihnen jedoch gestattet. Als um 1750 die ersten Teegärten eröffnet wurden, konnten Damen auch in der Öffentlichkeit ihren Tee genießen.

Tee in feiner Gesellschaft

VOM LUXUS ZUM NATIONALGETRÄNK

Wie auch in anderen Regionen der Tee-Welt war Tee in England zunächst ein Luxusgetränk. Ein Pfund Tee kostete den ganzen Jahreslohn eines Arbeiters. Hohe Steuern und das Preismonopol der Britischen Ostindien-Kompanie, die den Import von Tee und Gewürzen kontrollierte, machten den Tee für Normalbürger unerschwinglich.

Die wohlhabenden Engländer tranken anfangs mehr grünen als schwarzen Tee, doch allmählich setzten sich die schwarzen Teesorten durch. Der Schwarztee überstand die lange Reise von China nach England besser als die empfindlicheren grünen Sorten. Die Tradition, den Tee mit Milch zu trinken, entstand im 18. Jahrhundert. Zum einen galt Milch als gesundheitsfördernd, zum anderen machte sie die kräftigen Schwarztees milder.

TEE ZUM FRÜHSTÜCK? WARUM NICHT ...

Für die Menschen in England ist jederzeit *Tea Time*. Der Sprachforscher, Journalist und Literaturkritiker Samuel Johnson erwähnte bereits im 18. Jahrhundert in seiner berühmten Verteidigungsrede über das Teetrinken, er sei jemand, „der sich mit Tee am Abend vergnügt, mit Tee um Mitternacht tröstet und mit Tee den Morgen willkommen heißt"[33].

Den Brauch, Tee auch zum Frühstück zu genießen, verdanken die Briten jedoch einer weiteren Königin. Anne (1645–1714), letzte Regentin aus dem Hause Stuart und erste Herrscherin über das vereinigte Königreich Großbritannien, trank morgens lieber Tee anstelle des bisher von den Engländern favorisierten Warmbiers.*

Trotz der hohen Preise für das begehrte Getränk eroberte der Tee die Herzen und Häuser der Briten und schließlich folgte die Regierung diesem Begehren, indem sie im späten 18. Jahrhundert die Steuern senkte. Als 1834 auch noch das Preismonopol der Ostindien-Kompanie fiel und in Indien sowie anderen Regionen Teeplantagen errichtet wurden, um die gestiegene Nachfrage zu decken, wurde Tee auch für das normale Bürgertum erschwinglich. Bald trank ganz England Tee. Auch der von der Herzogin von Bedford erfundene *Afternoon Tea* als Zwischenmahlzeit mit Sandwiches, Scones und Kuchen wurde in allen Gesellschaftsschichten zu einer festen Einrichtung.

---

* Findige Geschäftsleute in England (z. B. der Hoflieferant Fortnum & Mason) haben sich diese Tatsache zunutze gemacht: In ihrem Sortiment führen sie Frühstücksmischungen aus verschiedenen Schwarztees, die nach der königlichen Teeliebhaberin benannt sind.

EARL GREY, DER TEE UND SEIN „ERFINDER"

Weit über die Grenzen Englands hinaus bekannt ist der frische Wohlgeschmack des berühmten Earl Grey, einer exotischen Mischung aus einem hochwertigen Schwarztee mit einem Hauch von Bergamotte. Aber wem verdankt dieser einzigartige Tee seinen Namen? Und wie ist er entstanden?

Bergamotte-Öl oder Bergamotte-Aroma gibt dem Earl-Grey-Tee seinen charakteristischen Geschmack.

Sein Name ist weltbekannt, aber kaum jemand kennt den Mann hinter dem „Earl Grey". Der Namensgeber des Tees war Charles Grey, der zweite Earl Grey. Er wurde 1764 in Fallodon in der Grafschaft Northumberland geboren und lebte in einer Zeit, in der Tee mit der Boston Tea Party* (1773) und dem Beginn des amerikanischen Unabhängigkeitskriegs (1775–1783) nicht nur eine weltpolitische Bedeutung erlangen, sondern auch zum britischen Nationalgetränk werden sollte.

  * Aus Schulbüchern kennen wir diesen Begriff noch. Nur zur Erinnerung: Die englischen Einwanderer hatten den Teegenuss mit nach Nordamerika genommen. Sie bezogen ihren Tee aus dem Mutterland England. Als 1773 die Teesteuer deutlich erhöht wurde, stürmten empörte Kaufleute als Indianer verkleidet den Hafen von Boston und warfen 342 Teekisten ins Hafenbecken.

Charles Grey hatte ein bewegtes Leben, privat wie politisch. Mit 22 Jahren wurde er Abgeordneter im Unterhaus. Im Jahr 1807 erbte er nach dem Tod seines Vaters den Grafentitel; mit 66 Jahren wurde er Premierminister von England. Während seiner Amtszeit brachte er 1832 eine bahnbrechende Parlamentsreform auf den Weg, bewirkte ein Verbot des Sklavenhandels in England und letztlich ein Verbot der Sklave-

Charles Grey (1764–1845), der Namensgeber des berühmten Earl-Grey-Tees

rei im gesamten Britischen Empire. Außerdem erreichte er, dass das Monopol der Ostindien-Kompanie auf den Teehandel mit China abgeschafft wurde, dadurch die Preise für Tee fielen und das Getränk auch für Normalbürger erschwinglicher wurde. Als Zeichen der Dankbarkeit für diesen besonderen Dienst an der Tee-Nation habe man den aromatisierten Tee nach ihm benannt – so besagt es eine der Geschichten über die Entstehung des Earl Grey.

GESCHICHTEN UND LEGENDEN

Neben dieser Geschichte gibt es zahlreiche weitere Anekdoten und Erklärungen, wie der berühmte Earl Grey entstanden sein könnte. Nach einer anderen Überlieferung soll ein Bediensteter des Grafen Charles Grey einen chinesischen Mandarin (also einen hohen Beamten im kaiserlichen China) vor dem Ertrinken gerettet haben, und der besondere Tee bzw. dessen Rezeptur war ein Dankeschön für diese gute Tat. Diese Legende hat jedoch einen Haken: Der Earl, der 1845 im Alter von 81 Jahren starb, hat China nie besucht.

In der beliebtesten Anekdote wird die Entstehung des Earl-Grey-Tees noch einmal ganz anders erzählt: Ein britisches Handelsschiff barg in seinem Frachtraum ein Fass mit Bergamotte-Öl und eine Kiste mit Schwarztee für den Grafen. Das Schiff geriet in einen Sturm, die Fässer kippten um und das Öl lief über den Tee. Als der Graf im Hafen die beschädigte Ladung entgegennahm, wunderten sich alle, was geschah: Anstatt die verdorbenen Waren ins Wasser zu kippen, probierte Charles Grey den Tee und war von seinem Aroma so begeistert, dass er ihn nach diesem Erlebnis auch weiterhin zusammenstellen ließ.

Ob diese Geschichten nun wahr sind oder nicht: Fest steht, dass der Earl-Grey-Tee erstmals in den 1830er-Jahren nach einem „Originalrezept" des Earls in den Handel kam. Der weitblickende Politiker entpuppte sich als kreativer Geschäftsmann. Er hatte jedoch vergessen, den Namen des Tees schützen zu lassen. Deshalb darf heute jede Firma „ihren" Earl Grey herstellen und vermarkten.

TEEANBAU IN GROSSBRITANNIEN? ERSTAUNLICH, ABER WAHR!

Angesichts der von den Briten gelebten Tee-Leidenschaft ist es überraschend, dass es bisher nur wenige Versuche gegeben hat, Tee in Großbritannien anzubauen. Die während des Zweiten Weltkriegs geplanten Projekte wurden rasch wieder fallen gelassen, weil Teepflanzen bis zu fünf Jahre brauchen, bis sie einen Ertrag abwerfen.

Doch in jüngster Zeit haben sich einige Briten wieder an das Experiment gewagt. Von einem dieser sogenannten Teegärten*, dem *Tregothnan Estate,* in Cornwall gelegen, habe ich bereits in der Einleitung zu diesem Buch berichtet. Doch natürlich sind die klimatischen Bedingungen nicht überall auf den britischen Inseln so ideal für den Teeanbau wie dort.

So herrscht im rauen Schottland kein so mildes, für die Kultivierung von Tee geeignetes Klima wie in Südengland. Umso erstaunlicher ist es, dass es nördlich von Edinburgh vier Teefarmen gibt. Eine davon ist die Farm von Euan und Susie Walker-Munro. Die beiden haben 2007 auf ihrer Farm Kinnettles als Erste mit dem Abenteuer „Tee" begonnen. So „jung" ist also der Teeanbau auf den britischen Inseln!

Was als Hobby begonnen hat, könnte sich in Zukunft zu einem Geschäftsmodell entwickeln. Inzwischen vermarkten die beiden Teefarmer ihre kleinen, aber feinen Erträge eines eleganten, handgerollten Schwarztees na-

---

* Der Begriff „Teegarten" ist heute die international übliche Bezeichnung für eine Teeplantage.

mens Kinnettles Gold. Die anderen drei Teegärten wurden später gegründet, aber einer von ihnen, *Tea Gardens of Scotland,* verkauft seit 2019 ebenfalls kleine Mengen eines erlesenen Schwarztees.

Auch in Nordirland und Wales gibt es seit geraumer Zeit zwei kleine Teefarmen, von denen wir in den nächsten Jahren bestimmt noch hören werden, sobald dort nennenswerte Erträge erzielt werden.[34]

AFTERNOON TEA, EIN POPULÄRES RITUAL

Wie bereits erwähnt, genießen die Menschen in Großbritannien ihren Tee schon zum Frühstück, in der Mittagspause, nachmittags und abends. Aber echte Berühmtheit auch über die Grenzen Großbritanniens hinaus hat nur der von der „hungrigen Herzogin" erfundene Afternoon Tea erlangt.

High Tea, Low Tea, Cream Tea, Royal Afternoon Tea – alles kurz erklärt

Manche Luxushotels umgarnen ihre Gäste mit einer Einladung zum *High Tea,* gemeint ist in Wirklichkeit der *Afternoon Tea.* Klingt das jetzt verwirrend für Sie? Das ist es auch – für Nicht-Engländer. Gerne erkläre ich Ihnen die Unterschiede.

Der Afternoon Tea wurde im 19. Jahrhundert und darüber hinaus in den Salons der Adligen an niedrigen Tischen serviert. Daher nennt man ihn auch *Low Tea.* Beim klassischen Low Tea oder Afternoon Tea gibt es drei „Gänge", die oft auf einer Etagere serviert werden (mehr dazu später).

Der *High Tea* ist dagegen eine bürgerliche Erfindung. Man setzt sich an den Esstisch *(high table)* und es geht viel ungezwungener zu. Der *High Tea* hat ursprünglich sogar das Abendessen ersetzt, denn man serviert dazu viele herzhafte Speisen wie Fleischpasteten oder kalten Braten.

Der *Cream Tea* ist eine „abgespeckte" Variante des Afternoon Tea. Zum Tee gibt es lediglich Scones mit Clotted Cream (daher der Name) und Marmelade. Clotted Cream ist eine Art dicker Rahm, der aus naturbelassener Kuhmilch nach traditionellem Rezept hauptsächlich in den Grafschaften Devon und Cornwall hergestellt wird.

Den Cream Tea trifft man häufig in Südengland an, auch auf den Kanalinseln Jersey und Guernsey. Als ich vor vielen Jahren bei einem Aufenthalt auf Jersey zum ersten Mal einen Cream Tea serviert bekam, war ich erstaunt über die Clotted Cream, ihre leuchtend gold-gelbe Farbe und die cremig-buttrige Konsistenz, die

sie der Milch der berühmten Jersey-Rinder verdankt. Wenn Sie einmal die Insel Jersey besuchen, ist ein „Jersey Cream Tea" ein absolutes Muss!

Ein *Royal Afternoon Tea* ist die klassische Variante, erweitert um ein Glas Champagner oder Sekt.

Afternoon Tea auf königliche Art

AFTERNOON TEA ZU HAUSE ZELEBRIEREN

In unserem hektischen Alltag lässt sich der Afternoon Tea oft nicht auf angemessene Art genießen, aber es würde sich lohnen, sich ab und zu ein solches Erlebnis zu gönnen, um ein Gefühl für die englische Teekultur zu bekommen.

Für Ihre eigene Afternoon Tea Party brauchen Sie neben dem richtigen Zubehör wie schönem Teegeschirr und einer dreistöckigen Etagere natürlich den perfekten Tee. Klassische Schwarztees wie ein Assam, ein Earl Grey (den ich am liebsten ganz „unenglisch" ohne Milch trinke!), ein Darjeeling aus der Sommer- oder Herbst-Pflückung oder ein guter Ceylon-Tee (mein Favorit: der English Breakfast St. James von Ronnefeldt) eignen sich am besten.

Für den „richtigen" Afternoon Tea nimmt man natürlich losen Tee, und zwar pro Tasse einen gestrichenen Teelöffel sowie einen weiteren Teelöffel für die Halbliter-kanne. Ich verwende ein großes Teesieb, brühe den Tee in der vorgewärmten Kanne auf und lasse ihn drei Minuten lang ziehen. Dann nehme ich das Sieb heraus.

Das ist die vereinfachte Variante. Die Engländer machen es ein wenig anders. Sie geben zunächst die Teeblätter in eine vorgewärmte Kanne, überbrühen sie mit kochendem Wasser und lassen die Teeblätter in der Kanne. Wenn die Kanne halb geleert ist, wird kochendes Wasser nachgegossen. Der Tee wird durch ein Teesieb in die Tassen gefüllt. Natürlich gehört die Milch dazu.

Bei der Frage, ob man die Milch zuerst in die Tasse und dann den Tee hineingießt oder ob man zuerst den Tee in die Tasse gießt und dann die Milch zugibt, sind die Menschen in Großbritannien in zwei „Lager" gespalten. Für mich gehört das zu den liebenswerten Spleens, die man den Briten so gerne nachsagt. Beim Geschmack macht es meiner Meinung nach keinen Unterschied.

Wichtig sind natürlich auch die Speisen, die zum Tee

gereicht werden. Hier gibt es eine traditionelle, festgelegte Reihenfolge von „Gängen", die sich auf der Etagere widerspiegeln:

Erster Gang: Sandwiches. Das können die berühmten Gurken-Sandwiches sein, Lachs- oder Roastbeef-Sandwiches oder Sandwiches mit Ei und Kresse – ganz im Sinne der Tradition. Möglich sind natürlich auch andere Varianten mit Frischkäse oder herzhaften Aufstrichen. Die Sandwiches kommen auf das unterste „Stockwerk" der Etagere.

Zweiter Gang: Scones mit Clotted Cream und Marmelade. Die Scones kommen auf das mittlere „Stockwerk" der Etagere.

Dritter Gang: Süßes Gebäck und/oder Patisserie. Man kann einen Teekuchen oder auch das typisch englische Shortbread servieren. Das Gebäck kommt auf das oberste „Stockwerk" der Etagere.[35]

SICH VERWÖHNEN LASSEN: AFTERNOON TEA IM HOTEL

Das Ritz, ein berühmtes Luxushotel in London, ist berühmt für seine Afternoon Teas. Doch auch in Deutschland zelebrieren viele gute Hotels einen Afternoon Tea. In manchen von ihnen werden Sie sogar von speziell ausgebildeten Tee-Expertinnen und -Experten beraten.

Stellvertretend möchte ich einige Hotels nennen, und zwar von Norden nach Süden:

Hamburg: Für mich ist das Fairmont-Hotel Vier Jahreszeiten an der Binnenalster noch immer der Inbegriff eines Luxus-Hotels, Homepage: https://hvj.de/de/

Berlin: Das legendäre Adlon Kempinski am Brandenburger Tor, Homepage: https://www.kempinski.com/de/berlin/hotel-adlon/

Und noch zwei Hotels aus meiner Region:

Frankfurt: Steigenberger Frankfurter Hof, Autorenbar, Homepage: https://www.steigenberger.com/hotels/alle-hotels/deutschland/frankfurt/steigenberger-frankfurter-hof

Kronberg/Taunus: Schlosshotel Kronberg, Homepage: https://schlosshotel-kronberg.com/eat/

Eine große Auswahl an Hotels und Restaurants in Deutschland, in denen Sie eine Auszeit vom Alltag erleben und sich einen stilvollen Afternoon Tea servieren lassen können, finden Sie unter: https://adecentcupoftea.de/afternoon-tea-deutschland/

Scones – „Bridget's Best"

Ohne Scones ist ein Afternoon Tea nur eine halbe Sache. Deshalb verrate ich Ihnen gerne mein persönliches Lieblingsrezept, das ich mit einer Zucker-Alternative weiterentwickelt habe. Diese Scones sind nicht so krümelig wie die englischen Originale und lassen sich schnell und einfach zubereiten. Am besten schmecken sie noch warm, natürlich originalgetreu mit Clotted Cream und – very british – Orangenmarmelade oder alternativ Erdbeermarmelade.

ZUTATEN *(für 8-10 Stück)*

· 60 g Butter
· 150 ml Milch
· 1 EL Ahornsirup
· 1 Prise Salz

· 1 TL Backpulver
· 225 g Weizenmehl Type 405
  oder Dinkelmehl Type 630

ZUBEREITUNG

Den Backofen auf 200° C (Ober- und Unterhitze) vorheizen. Die Butter in einem kleinen Topf schmelzen, aber nicht braun werden lassen, dann in eine Backschüssel geben, mit Salz, Ahornsirup und der Milch schaumig rühren. Dann das Mehl mit dem Backpulver mischen und zunächst mit dem Knethaken des Handmixers kurz unter die Butter-Milch-Masse rühren. Danach den Teig mit den Händen kurz kneten, bis er nicht mehr klebt. Runde Brötchen formen und auf ein mit Backpapier ausgelegtes Backblech legen. Dann ca. 20-25 Minuten backen, bis die Scones goldbraun (nicht zu dunkel) sind. Noch warm servieren.

In England schneidet man die Scones nicht mit dem Messer, sondern man nimmt sie in die Hand und bricht sie in der Mitte durch. Dann bestreicht man beide Hälften mit Clotted Cream und Marmelade.

Sandwich mit Gurke und Cream Cheese

ZUTATEN

- Eine halbe Gurke, geschält und in dünne Scheiben geschnitten
- 200 g Frischkäse
- 4-5 Stangen frische und gehackte Minze
- 6-8 Scheiben Kasten-Weißbrot oder Toastbrot

ZUBEREITUNG

Den Frischkäse mit der Minze vermischen und die Weißbrotscheiben mit der Mischung bestreichen. Man kann die Kruste vom Brot abschneiden, dann die Brotscheiben in eine klassische Dreiecksform schneiden. Gurkenscheiben auf den Frischkäse legen und zuklappen (ergibt 12-16 kleine Sandwiches).

NORDAMERIKA
Teegenuss auf andere Art

Meine Freundin Doris* hat lange in den USA gelebt, vor allem im Süden des riesigen Landes. Aus Texas hat sie ein Tee-Rezept mitgebracht, mit dem sie mich überrascht, als ich sie an einem Sommertag besuchen fahre. „Weil es heute so heiß ist", begrüßt sie mich, „habe ich uns etwas Besonderes gemacht: Sun Tea! Probier mal – ich bin gespannt, wie er dir schmeckt!"

Doris holt ein hohes Schraubglas aus dem Kühlschrank. Skeptisch betrachte ich die goldbraun leuchtende Flüssigkeit. Doris füllt den Tee in einen Glaskrug und von dort in zwei große Gläser. Sie reicht mir eines

---

* Es gibt sie wirklich, aber ich habe ihren Namen geändert.

der Gläser und ich nehme einen kleinen Schluck. „Das ist doch ein Assam", merke ich sofort, „aber er schmeckt eher mild als kräftig – interessant! Der Tee ist wirklich erfrischend. Aber jetzt verrate mir doch, wie du ihn zubereitet hast!" – „Ganz einfach", sagt Doris. „Ich lege ein paar Teebeutel in ein großes Schraubglas, gieße kaltes Wasser darüber, verschließe das Glas und stelle das Ganze ein paar Stunden lang in die Sonne. Danach nehme ich die Teebeutel heraus und stelle das Glas in den Kühlschrank. Das ist alles. In Texas ist das neben dem klassischen Eistee der ultimative Sommerdrink."

Das überrascht mich, denn ich bin immer davon ausgegangen, dass die Menschen in den USA mehr Kaffee als Tee trinken. Als ich Doris nach dem Teekonsum der Amerikaner frage, muss sie schmunzeln. „Natürlich wird in den USA mehr Kaffee als Tee getrunken, vor allem im Norden. Aber in den Südstaaten sieht es etwas anders aus. Dort gibt es auch heute noch eine tolle Teekultur." Das finde ich erstaunlich. Ganz offenbar zeigen die berühmten Western-Filme, wo Cowboys mit ihren Kaffeebechern am Lagerfeuer sitzen, nur einen Teil der US-amerikanischen Lebensgewohnheiten. Was es darüber und über die geschichtlichen Hintergründe wohl noch zu erfahren gibt?

EIN KURZER ABSTECHER IN DIE GESCHICHTE

Im 17. Jahrhundert brachten holländische Siedler als Erste den Tee nach Amerika. Doch auch als die Siedlungsgebiete zu englischen Kolonien wurden, pflegten die Menschen dort weiterhin ihre Zuneigung zum Tee. In Städten wie Philadelphia und Boston übernahm man die Tee-Gewohnheiten der Engländer.

Die Kolonien bezogen ihren Tee aus England, weil die englische Ostindien-Kompanie das Monopol über den Teehandel besaß. Als das Parlament in London 1773 die Teesteuer deutlich erhöhte, kam es zu Protesten der amerikanischen Siedler und zu der bereits im vorherigen Kapitel über England erwähnten *Boston Tea Party*, bei der empörte Kaufleute als Indianer verkleidet den Hafen von Boston stürmten und 342 Teekisten ins Hafenbecken warfen. Dieses Ereignis war der Auslöser für weitere Konflikte mit dem englischen Mutterland, die 1775 schließlich zum Ausbruch des Amerikanischen Unabhängigkeitskrieges führten.

Nahmen die Amerikaner mit der Unabhängigkeit von England auch Abschied vom Tee? Weit gefehlt! Als 1834 die Ostindien-Kompanie ihr Monopol verlor und dadurch der freie Teehandel möglich wurde, stiegen die Amerikaner in die Welt des Tees mit ein. Mit ihren Hochgeschwindigkeitssegelschiffen, sogenannten Tee-Clippern, schafften sie den Tee schneller aus China herbei als die englische Konkurrenz.[36]

Jetzt machen wir einen kleinen Sprung ins Jahr 1904, als in St. Louis im Bundesstaat Missouri die Weltausstellung stattfand. Dort gab es auch einen Stand der Teehändler, für den der Engländer Richard Blechynden verantwortlich war. Seine Aufgabe war es, den „Yankees", die damals noch Grüntee bevorzugten, den indischen Schwarztee schmackhaft zu machen.

Blechynden hielt literweise heißen Tee bereit, damit die Messebesucher das Getränk probieren konnten. Allerdings machte ihm das Wetter einen Strich durch die Rechnung. Es herrschte brütende Hitze in St. Louis und die Besucher lechzten nach einer Abkühlung. Als Richard auf seinem heißen Tee sitzen blieb, kam ihm plötzlich eine zündende Idee: Er schüttete Eiswürfel in den fertig aufgebrühten Tee![37] Damit begann der Siegeszug des Eistees in den USA.

Heute widmen die Amerikaner ihrem heiß geliebten Kaltgetränk sogar einen bestimmten Tag im Jahr: den Nationalen Tag des Eistees *(National Iced Tea Day)* am 10. Juni.

Eistee, das heiß geliebte Kaltgetränk in den USA

Eine weitere bahnbrechende Erfindung stammt übrigens ebenfalls aus den USA: der Teebeutel, der heute aus der Tee-Welt nicht mehr wegzudenken ist. Zu verdanken haben wir diese Entdeckung dem Versehen eines New Yorker Teehändlers:

Im Jahr 1908 wollte Thomas Sullivan Teeproben an seine Kunden versenden. Dazu füllte er den Tee in kleine Seidenbeutel. Weil sie meinten, dass Sullivan das so vorgesehen hatte, tauchten die Kunden die Beutelchen direkt in heißes Wasser.[38]

Bis der Teebeutel seine endgültige Gestalt bekommen sollte, musste jedoch noch einiges geschehen. Schließlich produzierte die Firma Teekanne aus Düsseldorf im Ersten Weltkrieg einen Teebeutel aus Mull. Dieses Modell war jedoch nicht sehr durchlässig. Es vergingen noch ein paar Jahre, bis Adolf Rambold, ein Mitarbeiter von Teekanne, 1929 den Doppelkammer-Teebeutel aus Pergamentpapier mit Heftklammerverschluss erfand.[39]

Heute millionenfach verwendet: der Teebeutel!

WIRD IN NORDAMERIKA TEE ANGEBAUT?

Heute gehören die USA zu den größten Tee-Importländern der Welt. Tee ist bei den Amerikanern noch immer ein beliebtes und begehrtes Getränk, das am liebsten kalt genossen wird. Es gibt in den USA also durchaus eine Teekultur, von der ich später noch mehr erzählen werde.

Allerdings hört und liest man kaum etwas darüber,

ob in Nordamerika auch Tee angebaut wird. Aber wenn man sich ein wenig umschaut, kann man Überraschendes entdecken:

In fast allen Bundesstaaten der USA gibt es heute Teeanbau. Viele Teegärten sind im Vergleich zu den wichtigsten Teeanbaugebieten jedoch winzig klein und erwirtschaften kaum nennenswerte Erträge, weil sie von ihren Inhabern eher aus Liebhaberei betrieben werden. Kommerziellen Teeanbau in größerem Umfang gibt es nur in vier Bundesstaaten.

1. Washington: Der im pazifischen Nordwesten gelegene Bundesstaat hat in seinen Regionen unterschiedliche Klimazonen. Das feuchtwarme Klima der Küstenregion ermöglicht tatsächlich den Anbau von Tee. Im äußersten Nordwesten befindet sich ein von der Firma *Sakuma Brothers* betriebener Teegarten. Die dort geernteten Teeblätter werden zu grünem und weißem Tee sowie Oolong verarbeitet und die Tees werden vor Ort vermarktet.

2. Oregon: Dieser Bundesstaat liegt südlich vom Staat Washington und ist ebenfalls geprägt von starken klimatischen Unterschieden. Die westlich von einer langen Gebirgskette gelegene Küstenregion hat ein feuchtwarmes Klima, das ideal für den Teeanbau ist. Seit 1988 betreiben die Inhaber von *Minto Island Tea Company* im Westen von Oregon einen Teegarten, in dem kleine Mengen Grüntee, Oolong und Schwarztee in Bioqualität hergestellt werden.

3. South Carolina: In diesem im Südosten der USA gelegenen Bundesstaat befindet sich die *Charleston Tea*

Plantation, der älteste, bereits im 18. Jahrhundert ange-legte Teegarten des Landes, der heute im Besitz der Fir-ma *Bigelow Tea* ist. Die dort hergestellten Schwarz- und Grüntees werden unter der Marke *American Classic Tea* vermarktet.

4. Hawaii: Das Klima dieser im Pazifischen Ozean gelegenen vulkanischen Inselgruppe ist ideal für den Teeanbau. Hawaii ist berühmt für den dort angebauten hochwertigen Kaffee, aber der Inselstaat ist auch der größte Tee produzierende Bundesstaat der USA, obwohl die dort erzielten Erträge auf dem Tee-Weltmarkt eher unbedeutend sind. Die überwiegend in Handarbeit her-gestellten, hochpreisigen Schwarz- und Grüntees, wei-ßen Tees und Oolongs sind von herausragender Qualität und werden unter Teekennern als Raritäten gehandelt.

Teeanbau in Hawaii

DIE TEEKULTUR IN DEN USA

Wir haben bereits entdeckt, dass die Amerikaner tatsächlich eine lebendige Teekultur haben, und zwar in fast allen Bundesstaaten. Am beliebtesten sind nach wie vor Schwarztees, aber auch Grüntees und Kräuteraufgüsse sind auf dem Vormarsch.

Und wie genießen die Menschen in den USA ihren Tee am liebsten? Die beiden Varianten Eistee und *Sun Tea* haben wir bereits erwähnt, aber natürlich trinken viele Amerikaner auch heißen Tee, vor allem morgens. Im Gegensatz zur Vorliebe der Engländer ist Milch kein Muss, aber auch heißer Tee wird häufig gesüßt, mit Zucker oder Süßstoff.

Doch das Bewusstsein für gesunde Ernährung und Lebensweise wird auch in den USA stärker. Deshalb machen es viele Teeliebhaber inzwischen den Menschen in China und Japan nach und trinken ihren Tee lieber ungesüßt oder nur mit einer Zitronenscheibe garniert.

Der bereits erwähnte Eistee wird in den Südstaaten „sweet tea" (süßer Tee) genannt. Dieser gesüßte Eistee ist dort das wichtigste Symbol für Gastfreundschaft und gleichzeitig ein Alltagsgetränk. Aber er ist auch ein unentbehrlicher Begleiter bei gesellschaftlichen Ereignissen wie Picknicks, Grillpartys, ja sogar Hochzeiten. Eistee wird das ganze Jahr über zum Mittag- und Abendessen serviert.

Obwohl es in den USA auch Lokale gibt, in denen Tee ausgeschenkt wird *(tea rooms)*, genießen die meisten Amerikaner ihr Lieblingsgetränk in einem der zahlreichen Cafés *(coffee shops)*. Dort trinken sie Kaffee oder Tee, während sie sich mit Freunden und Bekannten treffen, in ihrer Mittagspause oder bei zwanglosen Besprechungen mit Kollegen.

Die meisten Cafés sind sehr kreativ, wenn es um interessante Getränkevarianten mit Tee geht. So bieten sie ihren Gästen Chai-Eistees, Tees mit aufgeschäumter Milch oder exotische Tee-Cocktails an. Für die meisten Amerikaner sind solche Kreationen jedoch Leckereien für besondere Gelegenheiten und keine Alltagstees. In vielen Restaurants können sich die Gäste den bestellten Tee kostenlos nachfüllen lassen, so oft sie möchten.[40]

Eistee im Café

Sun Tea (Sonnen-Tee), Rezept von meiner Freundin Doris

ZUTATEN

- 1 gut gereinigtes Schraub-oder Einmachglas für 2,5 l
- 4 Beutel Schwarztee (es muss hochwertiger Beuteltee sein, z. B. Assam, Darjeeling oder Earl Grey)
- Kaltes Wasser

ZUBEREITUNG

Die Teebeutel in das Einmachglas legen, mit kaltem, vorher aufgekochtem Wasser aufgießen. Das Glas verschließen und dann 3 bis 5 Stunden lang ins Freie, am besten in die volle Sonne, stellen. Wenn der Tee die gewünschte Stärke hat, die Teebeutel entnehmen. Entweder den Tee direkt servieren oder das Einmachglas in den Kühlschrank stellen und gekühlt in Gläser gießen. Bitte innerhalb eines Tages verbrauchen!

Achtung, wichtiger Hinweis: Dieses unter Teekennern umstrittene Verfahren des Kaltaufgusses sollte man nur mit „klassischen" Teesorten (Schwarz- oder Grüntees ohne Zusätze von Kräutern oder Früchten) anwenden! Kräuter- oder Früchtetees müssen immer mit kochendem Wasser aufgegossen werden, sonst können sich Keime bilden.

Eistee „klassisch"
(im Südstaaten-Stil)

ZUTATEN

- 1 Bio-Zitrone
- 5 Teebeutel Schwarztee (je nach Geschmack Darjeeling, Assam, Earl Grey, English Breakfast)
- oder alternativ 6 gehäufte Teelöffel losen Schwarztee
- 500 ml kochendes Wasser
- 650 g Eiswürfel
- Rohrohrzucker oder Agavendicksaft (nach Belieben)

ZUBEREITUNG

Die Teebeutel mit dem kochenden Wasser übergießen (losen Tee in ein großes Teesieb geben, danach aufbrühen) und etwa 3 Minuten (je nach Zubereitungsempfehlung auf der Packung) ziehen lassen, die Teebeutel entfernen, ohne sie auszudrücken.

250 g Eiswürfel in ein hitzebeständiges Gefäß (Karaffe) geben, den heißen Tee direkt darüber gießen.

Die Zitrone mit heißem Wasser abwaschen, in Scheiben schneiden und die Scheiben in den Tee geben. Danach die restlichen Eiswürfel nachfüllen und den Tee nach Belieben süßen.

Eine Empfehlung von mir: Im Grunde genommen kann man für Eistee jede Teesorte verwenden, auch Grüntees, Kräutertees oder aromatisierte Sorten auf Rooibos- oder Früchtebasis. Auch bei den „Zugaben" sind viele Varianten möglich: frische Früchte, Beerenobst usw. Aber die klassische, in den Südstaaten am meisten genossene Variante wird mit Schwarztee zubereitet und oft stark gesüßt.

SÜDAMERIKA
Teeanbau und Tee, der keiner ist

Unsere Reise in die Tee-Welt führt uns jetzt von Nord-
nach Südamerika. Wenn man die verschiedenen Länder
dieses Kontinents betrachtet, kommen einem wahr-
scheinlich Kaffee und vielleicht noch Kakao in den Sinn,
aber nicht unbedingt Tee. Genauso ist es mir gegangen,
bevor ich mich stärker mit dem Thema Tee befasst habe.

Die erste Station unserer Reise führt uns nach **Brasilien,** dem Land, das tatsächlich eher für den dort angebauten Kaffee bekannt ist als für Tee. Trotzdem wird Tee
bereits seit dem frühen 19. Jahrhundert in Brasilien angebaut. Als jedoch gegen Ende des 19. Jahrhunderts die

Sklaverei abgeschafft wurde, bedeutete das zunächst das Aus für den Teeanbau. Erst in den 1920er-Jahren kam es zu einer Wiederbelebung durch japanische Einwanderer.

Die wichtigsten Teegärten liegen in der Nähe von Registro, einer Küstenstadt südwestlich von São Paulo. Sie werden heute noch von Nachkommen der damaligen Einwanderer betrieben. Der dort hergestellte Schwarztee wird größtenteils in die USA exportiert und dort für den populären Eistee verwendet.

Viel bedeutender als der Teeanbau ist in Brasilien jedoch die Kultivierung von Mate, einem Kraut, das kein Tee ist, aber wie Tee getrunken wird.[41] Über dieses Kraut und die Trinkkultur, die sich daraus entwickelt hat, werde ich später noch mehr erzählen.

Kolumbien, das Land zwischen Atlantik und Pazifik, bietet für Teekenner die größte Überraschung. Obwohl auch Kolumbien eher bekannt ist für den Anbau von Kaffee und Kakao, verbirgt sich in den Nebelwäldern des Nordwestens eine kleine, aber feine Tee-Welt.

Tee wird in Kolumbien bereits seit den 1950er-Jahren angebaut, zum Beispiel im Teegarten Bitaco® entstehen seit 2013 einzigartige Tees, die meisten in Bio-Qualität und mit erstaunlicher Geschmacksnote. Der Teegarten produziert Schwarztees, Grüntees und weiße Tees, ausschließlich in Handarbeit und nach ökologischen Methoden. Abnehmer der qualitativ hochwertigen Tees sind Länder wie die USA, Deutschland, Frankreich und England.

Argentinien ist unter Gourmets eher bekannt für die Rinder, von denen so manches saftige Steak auch in deutschen Restaurants zubereitet wird. Weniger bekannt ist jedoch, dass Argentinien zu den weltweit größten Teeproduzenten gehört, obwohl nur ein relativ kleines Gebiet dieses riesigen Landes für den Teeanbau geeignet ist.

Die hauptsächlich im Nordosten angebauten Tees werden meist maschinell geerntet und verarbeitet, der Großteil von ihnen zu Schwarztees, die für Teemischungen verwendet werden. Auch hier gehören die USA zu den größten Abnehmern.[42]

Und natürlich wächst auch in Argentinien die Yerba-Mate. Das Land gehört zu den bedeutendsten Produzenten dieses Gewächses.

MATE-TEE, DAS ULTIMATIVE KULTURGETRÄNK IN SÜDAMERIKA

Vor allem in Argentinien ist Mate ein fester Bestandteil des kulturellen und gesellschaftlichen Lebens. Auch bei geschäftlichen Besprechungen macht das Mate-Trinkgefäß häufig die Runde. Woher kommt diese Tradition? Und was ist das für eine Pflanze, aus der dieser seltsame Trank bereitet wird?

Zunächst möchte ich Ihnen ein paar botanische Fakten nennen, bevor ich darauf eingehe, wie sich die Tradition der heutigen Trinkkultur entwickelt hat. Der Matestrauch ist eine Pflanzenart aus der Gattung der Stechpalmen. Sie ist in Südamerika verbreitet und wird dort als Yerba oder Yerba-Mate bezeichnet. Die wild wachsende Pflanze kann sich zu einem bis zu fünfzehn Meter hohen Baum entwickeln.

Seit dem 19. Jahrhundert wird die Yerba-Mate auch kultiviert, vor allem in Argentinien, Paraguay und Brasilien. Doch noch heute wird etwa die Hälfte des vermarkteten Mate-Tees von wild wachsenden Bäumen geerntet.

ERNTE UND VERARBEITUNG

Blätter des Mate-Strauchs

Die immergrüne Mate wird zweimal im Jahr geerntet und in vier Schritten aufgearbeitet. In einem Drehrohrofen kommen die Blätter für etwa 10 Sekunden in direkten Kontakt mit Holzfeuer und werden hier um die 400° C heiß. Über einen offenen Bandtrockner werden die Blätter zunächst gekühlt (das ist wichtig für den Geschmack) und anschließend getrocknet. Dieser Prozess dauert etwa fünf Stunden. Abschließend wird der Mate grob zerkleinert und auf einer Siebmaschine von Staub und Ästen befreit.

Danach wird alles mindestens neun Monate lang gelagert, um die vorher reduzierte Feuchtigkeit ansteigen zu lassen und die Oxidation herbeizuführen, die über den gewünschten Geschmack des Mate-Tees entscheidet. Dieser, als *Yerba mate canchada* bezeichnete Tee wird zu einer feinkörnigen Ware verarbeitet, die für das traditionelle Mate-Zeremoniell verwendet wird.[43]

LEGENDEN, TRADITION UND TRINKKULTUR

Über die Entstehung der Mate-Tradition gibt es mehrere Legenden. Die folgende Geschichte fand ich am schönsten: Vor einigen Tausend Jahren entdeckten die Guarani, die Ureinwohner von Paraguay, die anregende Wirkung der Mate. Die Angehörigen des Guarani-Stammes bauten Maniok und Getreide an. War der Boden ausgelaugt, mussten sie weiterziehen.

Eines Tages war ein alter Mann zu schwach für die Wanderung und er musste zurückbleiben. Seine jüngste Tochter entschloss sich, bei ihrem Vater zu bleiben. Eines Tages kam ein Gott in Gestalt eines Schamanen des Weges. Er fragte das Mädchen: „Was macht dich glücklich?" Die schöne junge Frau wusste keine Antwort. Ihr Vater aber sprach einen Wunsch aus: „Ich möchte neue Kräfte, um mit meiner Tochter unserem Stamm folgen zu können."

Der Schamane gab dem alten Mann eine grüne Pflanze mit der Anweisung, sie zu einzupflanzen, ihre Blätter zu pflücken, über dem Feuer zu trocknen, zu mahlen und dann in einer Kürbisflasche mit heißem Wasser zu übergießen.

Das so hergestellte Getränk verhalf dem alten Mann zu neuen Kräften. Vater und Tochter konnten nun die beschwerliche Reise zu ihrem Stamm antreten, der sie mit großer Freude empfing. Der Stamm kultivierte die Pflanze und machte es sich zur Gewohnheit, den belebenden Tee bei jeder Gelegenheit zu trinken. So begann der Aufstieg des Mate-Tees zum südamerikanischen Volksgetränk.[44]

Auch in anderen jahrhundertealten Legenden der Eingeborenen Südamerikas wurden bereits die hilfreichen Eigenschaften von Mate beschrieben. Demnach soll das dunkelbraune Getränk anregend sein, stark und kräftig machen und außerdem den Hunger dämpfen. In den Überlieferungen heißt es, dass sich die Indios auf tagelangen Streifzügen ausschließlich von Mate ernährten, ohne schwach zu werden.

Eine Erklärung für die Verwendung als Nahrungsersatz könnte der Gehalt an Vitaminen und Mineralstoffen sein. Die ermittelten Werte schwanken aber sehr stark, was in den verschiedenen Anbauregionen und Verarbeitungen begründet ist. Einig ist man sich lediglich in Bezug auf das Vitamin C, das nicht in hohen Dosen enthalten ist, sowie in Bezug auf das essenzielle, also lebensnotwendige Spurenelement Mangan, das im Mate häufig in hohen Dosen gemessen wurde.[45]

Durch die Kolonialisierung wurden der Mate-Tee und die damit verbundene Trinkkultur auch über die Grenzen Südamerikas hinaus bekannt und beliebt. Auch das Zeremoniell hat sich inzwischen deutlich verändert. Aus dem Kürbis ist die *Kalebasse* (Mate) geworden, ein rundes Trinkgefäß aus unterschiedlichen Materialien wie Leder, Keramik oder Edelstahl. Eine *Bombilla* ersetzt mittlerweile den Strohhalm aus Zuckerrohr. Die ursprüngliche Trinkkultur jedoch ist nahezu unverändert erhalten geblieben.

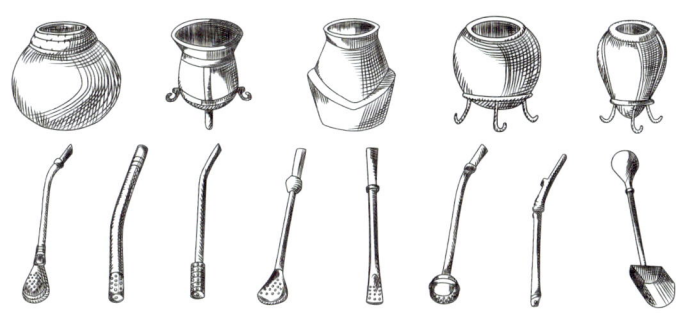

Die Utensilien für das Mate-Zeremoniell: Kalebasse (Mate) und Bombilla

GESELLIGKEIT UND GENUSS

Für die traditionelle Zubereitung des herben Mate-Tees benötigt man folgende Werkzeuge: ein Mate-Gefäß (Kalebasse oder Mate), ein Trinkröhrchen (Bombilla) mit einem Sieb am Ende, Mate-Tee-Blätter (Yerba) und sprudelnd kochendes Wasser. Die Yerba wird in das Trinkgefäß gefüllt, geschüttelt, um die feinen von den groben Teilchen zu trennen und dann leicht befeuchtet. Nachdem die Bombilla eingeführt wurde, wird mit heißem Wasser aufgegossen.

Dieser erste Aufguss schmeckt ziemlich bitter. Deshalb wird er nur vom Gastgeber getrunken, als Zeichen von Respekt den Gästen gegenüber. Danach wird das Gefäß wieder mit heißem Wasser aufgefüllt und an den Nächsten weitergereicht, der es austrinkt und dem *cebador*, dem „Zeremonienmeister", zum Auffüllen zurückgibt. Das Ritual wird viele Male wiederholt, bis die Mate-Blätter aufgebraucht sind. Das erkennt man daran, dass beim Aufgießen keine Bläschen mehr aufsteigen und die Blätter oben schwimmen.

Das Mate-Tee-Ritual ist in Argentinien und anderen südamerikanischen Ländern weit verbreitet und genussreicher Bestandteil des Alltags. Mate wird mit und ohne Zucker gereicht oder auch eiskalt getrunken.[46]

Genuss in geselliger Runde

Mate-Limonade

ZUTATEN

· 1,5 l Mineralwasser mit Kohlensäure, kalt
· Saft von 2 Zitronen
· 1 l Wasser, kochend
· 6 gehäufte TL Mateblätter (lose, z. B. Yerba Mate)
· Rohrohrzucker oder Agavendicksaft (nach Belieben)

ZUBEREITUNG

Mateblätter mit dem kochenden Wasser aufbrühen, 10 Minuten ziehen lassen, dann durch ein Sieb in ein großes Gefäß abgießen. Den Aufguss abkühlen lassen, den Zitronensaft dazugeben. Dann nach Geschmack süßen. Das fertige Konzentrat mit Mineralwasser aufgießen und sofort servieren oder in den Kühlschrank stellen.

OSTFRIESLAND
Kleine Region mit großer Teekultur

Zu unseren vor unserer Haustür gelegenen Lieblings-
orten gehört ein Tagungshotel im Siegerland. Am Rand
eines großen Waldgebietes und fern vom Lärm der
Großstadt liegt das Haus, das zwar mehrere Gruppen
beherbergen kann, aber von der Größe her überschau-
bar ist. Hier ist man als Gast auch willkommen, wenn
man nicht an einer Veranstaltung teilnehmen, sondern
einfach nur bei einer Wanderung die schöne Landschaft
und das Wellness-Angebot des Hotels genießen möchte.
　Wenn mein Mann und ich einmal ausspannen, aber
keine großen Entfernungen zurücklegen wollen, setzen

wir uns in den Zug und nach etwa einer Stunde Fahrt sind wir dort. An einem Wochenende im Frühherbst machen wir uns mal wieder auf den Weg, ohne zu ahnen, was für originellen Menschen mit einem besonderen Ritual wir begegnen würden.

Bereits bei der ersten Mahlzeit im Hotel stoßen wir auf sie: eine größere Gruppe Ostfriesen, die mehrmals täglich diesem Ritual nachgehen. Schon am Nachmittag werden wir zum ersten Mal Zeugen davon. Als wir uns im Bistro-Bereich einen Kaffee holen wollen, duftet es dort seltsamerweise gar nicht nach Kaffee, sondern nach … kräftigem Schwarztee! Die kleinen Beistell-Tischchen sind zu einem großen Viereck zusammengeschoben und von einer blütenweißen Tischdecke bedeckt. „Wir haben jetzt Teetied", erklärt uns eine der Frauen aus der Gruppe. „Wenn ihr möchtet, seid ihr herzlich dazu eingeladen."

Mein Mann und ich lassen uns das nicht zweimal sagen und treten näher. Ich komme aus dem Staunen nicht heraus, denn alle für die „Teetied" (Teezeit) erforderlichen Utensilien stehen bereit: der Wasserkocher und die Teekannen mit Stövchen, die typischen kleinen Teetassen aus zartem, bemaltem Porzellan, die Zuckerdosen mit Kluntje, dem groben, weißen Kandiszucker, kleine Kännchen mit flüssiger Sahne und natürlich der Tee einer bekannten ostfriesischen Regionalmarke.

Sicher: Das Ganze wäre nicht überraschend, wenn wir in Ostfriesland wären, aber wir befinden uns nicht an der Nordseeküste, sondern in einem Mittelgebirge im Binnenland. Was sind das für Menschen, die vierhundert Kilometer zu einer Tagung fahren und trotzdem nicht auf ihren geliebten Tee verzichten wollen, noch nicht einmal für ein paar Tage?

Während der heiße Tee den Kandis in der Tasse zum Knistern bringt und die Sahne ein kleines Wölkchen bildet, kommen wir ins Gespräch mit den Ostfriesen, die uns so freundlich zu ihrer Teestunde eingeladen haben. Auch unsere Fragen über ihre merkwürdige Tee-Passion beantworten sie uns mit großer Freude.

WELTMEISTER IM TEETRINKEN

Ostfriesen-Witze und -Klischees, die auch Komiker und Kabarettisten gerne in ihren Shows zum Besten geben, haben in vielen Köpfen ein bestimmtes, nicht immer schmeichelhaftes Bild von Ostfriesland und seinem Völkchen entstehen lassen.

Weniger bekannt ist vielleicht, dass in dieser relativ

kleinen Region Deutschlands eine große Teekultur gepflegt wird, die vor einigen Jahren von der UNESCO sogar in das Verzeichnis des Immateriellen Kulturerbes aufgenommen wurde.[47]

Das allein ist schon beachtlich! Aber haben Sie auch gewusst, dass die Ostfriesen mit ihrem Teeverbrauch von 300 Litern pro Jahr und Kopf andere bedeutende Teenationen wie Großbritannien und China weit hinter sich lassen? Auch das restliche Deutschland bringt es mit 28 Litern pro Jahr und Kopf nur auf etwa ein Zehntel der in Ostfriesland getrunkenen Tee-Menge.[48]

Aber wie sind die Ostfriesen überhaupt auf den Tee gekommen und zu Weltmeistern im Teetrinken geworden? Zu Beginn des 17. Jahrhunderts brachten erstmals Schiffe der Niederländischen Ostindien-Kompanie Tee nach Europa und damit auch nach Ostfriesland. Zunächst wurde das exotische Getränk nur als Arznei verabreicht, aber schon ab 1720 gab es in Ostfriesland einen umfangreichen Teehandel.

Das wärmende Getränk wurde bald populärer als das in der Region hergestellte Bier. Für die in Ostfriesland ansässigen Bauern und Fischer war Tee außerdem eine preiswerte Alternative zu Kaffee. 1806 mischte der Kolonialwarenhändler Johann Bünting im ostfriesischen Leer aus mehreren kräftigen Schwarzteesorten den ersten Ostfriesentee.

Im Jahr 1873 entstand in Emden ein Familienunter-
nehmen, aus dem später die Regionalmarke Thiele Tee
geworden ist, und 1907 gründete Laurens Janssen die
Ostfriesische Teegesellschaft (OTG), die bis heute zu den
europäischen Branchenriesen in der Tee-Welt gehört.[49]
Unter dem „Dach" der OTG befindet sich heute auch die
Firma Onno Behrends, die dritte, ebenfalls im 19. Jahrhundert entstandene ostfriesische Regionalmarke.

ECHTER OSTFRIESENTEE – WAS IST DAS?

Natürlich wird im rauen Klima Norddeutschlands kein
Tee angebaut. Was meinen Ostfriesen dann, wenn sie
von „ihrem" echten Ostfriesentee sprechen? Den Namen „Echter Ostfriesentee" dürfen nur Teemischungen
tragen, die in Ostfriesland zusammengestellt werden.
Jede der drei Regionalmarken hat ihre eigenen Rezep-
turen für die Mischungen, die hauptsächlich aus kräf-
tig-malzigen Assam-Tees bestehen und mit feinen Teeblättern aus anderen Anbaugebieten wie Indien (z. B.
Darjeeling), Sri Lanka (z. B. English Breakfast), Indone-
sien oder auch Afrika (z. B. Ruanda Rukeri) abgerundet
werden.

Es ist Geschmackssache, welche Mischung von welcher
Regionalmarke man bevorzugt. Die Tees von Onno Beh-
rens sind kräftiger, die von Bünting milder und die von
Thiele liegen eher in der Mitte. Unsere ostfriesischen
Freunde schwören auf „ihre" Teesorte und sie bleiben
ihr auch treu.

Nur die beste Qualität für echten Ostfriesentee

TEETIED – GELIEBTE UND GELEBTE TRADITION

In Ostfriesland richtet sich der Tag nach dem Tee. Sechs Teezeiten sind durchaus üblich, sie bestimmen den Tagesablauf. Der erste Tee wird früh am Morgen getrunken, manchmal vor oder direkt nach dem Aufstehen, dann folgt der Tee zum Frühstück.

Am späten Vormittag ist das „Elführtje" als Teepause vorgesehen und der Nachmittagstee wird gegen 15 Uhr eingenommen. Natürlich endet der Tag mit einer Tasse Tee am Abend. Rund um die Uhr gilt das Motto der für die Ostfriesen so selbstverständlichen Gastfreundschaft: „Ostfriesische Gemütlichkeit hält stets ein Tässchen Tee bereit."[50]

Und wie hält es die junge Generation mit der Teekultur? Auch nach 400 Jahren Tradition liegt Ostfriesentee voll im Trend. Junge Menschen finden das Norddeutsche kultig. Sie zelebrieren die regionale Kultur, sprechen gerne Plattdeutsch, treffen sich zum Tee und teilen in den sozialen Medien Rezepte für Omas Tee-Kekse.

GESELLIGKEIT UND GEMÜTLICHKEIT

Ostfriesische Gemütlichkeit mit Original-Geschirr

Jetzt fragen Sie sich vielleicht: Wie läuft eine Teetied ab? Was muss man bei der Zubereitung des Tees beachten? So wird der Ostfriesentee zubereitet:

• Das Wasser aufkochen, die Teekanne mit heißem Wasser ausspülen und vorwärmen.

• Pro Tasse einen Teelöffel Tee in ein großes Teesieb oder einen Teefilter aus Papier geben, das Teesieb oder den Teefilter in die Kanne hängen, den Tee mit kochendem Wasser aufgießen.

• Drei bis vier Minuten ziehen lassen.

• Ein Kluntje (weißen oder braunen groben Kandiszucker) in die Tasse geben. Den Tee eingießen. Das Kluntje muss leise knistern!

• Jetzt kommt die Krönung: Die flüssige Sahne vorsichtig über einen Löffel am Tassenrand hineinlaufen lassen – gegen den Uhrzeigersinn, um symbolisch während des Teetrinkens die Zeit anzuhalten. Es entsteht das sogenannte „Wulkje", das Sahnewölkchen.

• Jetzt den Tee genießen – bitte nicht umrühren!

Highlight im Tee: das Sahnewölkchen

Das Ritual der Teetied vermittelt einerseits ein Gefühl der Ruhe, denn die Zubereitung des Tees erfordert eine gewisse Sorgfalt. Andererseits mögen es die Ostfriesen, wenn bei ihrer Teetied so viele Gäste wie möglich dabei sind, denn dann kann man ausgiebig dem „Klönschnack" frönen. Die Teetied ist ein Bindeglied zwischen Menschen und gleichzeitig ein Ausdruck von Gastfreundschaft.

Was muss man als Gast beachten, wenn man in Ostfriesland zum Tee eingeladen wird? Man sollte wissen, dass man unaufgefordert nachgeschenkt bekommt, wenn die Tasse leer ist, und zwar mindestens drei Mal, denn: „Drei ist Ostfriesenrecht!" Wenn man keinen Tee mehr möchte, kommt endlich der neben der Tasse liegende Löffel ins Spiel: Man stellt ihn entweder in die Tasse oder legt ihn umgekehrt auf die Untertasse.

SÜSS UND KNUSPRIG: LECKERES ZUM TEE

In Ostfriesland versüßt man sich die Teetied vor allem nachmittags gerne mit leckerem Kuchen oder knusprigen Keksen. Selbst gebackenes Teegebäck hat man immer im Haus. Wenn überraschend Besuch kommt, holt man einen vorbereiteten Teig aus dem Gefrierfach, damit man rasch ein Blech mit knusprigen Keksen zaubern kann.

Es gibt natürlich eine große Vielfalt an Rezepten, von denen ich Ihnen im Rezeptteil zwei vorstellen möchte – eins für „jeden Tag" und das andere für besondere Anlässe. Beide Rezepte stammen von Marianne aus Ostfriesland, einer netten älteren Dame, die viele Jahre in ihrem lokalen Landfrauen-Verein aktiv war. Sie hat mich nicht nur bei den ersten Schritten in die Geheimnisse der ostfriesischen Teekultur begleitet, sondern mir auch ein paar von ihren Rezepten verraten.

Süße Beilagen zum Tee

Mariannes Tee-Kekse
(Grundrezept)

ZUTATEN

· 375 g Butter
· 125 g Zucker
· 2 Eigelb
· 2 Tütchen Vanillezucker mit echter Bourbon-Vanille
· 500 g Mehl

Zum Bestreuen: Zimt und Zucker, Hagelzucker, gehackte Mandeln, Schokoladenstreusel oder Schokoladenstückchen – ganz nach Wunsch und Geschmack

ZUBEREITUNG

Mehl, Zucker, Vanillezucker, Butter und Eigelb zunächst mit den Knethaken des Handmixers gut verrühren, danach mit den Händen kneten und 30 Minuten in den Kühlschrank stellen. Dann walnussgroße Kugeln formen, mit der Hand flach drücken und auf dem mit Backpapier ausgelegten Backblech verteilen.

Je nach Geschmack mit Zimt und Zucker, Hagelzucker, gehackten Mandeln, Schokoladenstreuseln oder Schokoladenstückchen bestreuen.

Bei 180 bis 200° C (Ober- und Unterhitze) etwa 20 Minuten im vorgeheizten Backofen backen.

Mariannes Ostfriesentorte

Zu beachten: Diese Torte hat es vom Alkoholgehalt her „in sich", wie Marianne sagte, als sie mir ihr persönliches Rezept gab. Deshalb ist sie nur für Erwachsene geeignet. Da die Zubereitung recht aufwendig ist, gibt es diese Torte in Ostfriesland meist nur zu besonderen Anlässen.

ZUTATEN

Für die Füllung:

- 2 Tassen Rosinen (ungeschwefelt) 14 Tage lang in Rum einlegen (die Rosinen müssen vom Rum bedeckt sein)
- 3 Becher Sahne
- 2 EL Puderzucker
- 3 Päckchen Sahnesteif

Für den Biskuitboden:

- 150 g Mehl
- 50 g Speisestärke
- 1 TL Backpulver
- 1 Prise Salz
- 5 Eier
- 5 EL Wasser
- 200 g Zucker
- 3 TL Vanillezucker

Zum Verzieren: Schokoladenstreusel oder Krokant nach Belieben

ZUBEREITUNG

Für den Biskuitteig Mehl und Speisestärke mit Backpulver mischen. Eier, Wasser, Salz, Vanillezucker und Zucker in einer Schüssel so lange schaumig schlagen, bis eine dicke Creme entsteht, die Mehlmischung auf die Creme sieben und vorsichtig mit einem Schneebesen unterheben. Den Backofen auf 180° C (Ober- und Unterhitze) vorheizen. Den Boden einer Springform (28 cm Durchmesser) mit Backpapier auslegen. Den Rand der Form nicht einfetten! Den Biskuitteig in die Form geben und auf der unteren Schiene des Backofens ca. 30-40 Minuten backen.

Ein Tipp von Marianne und mir: Wenn es schnell gehen soll oder wenn Biskuitteig eine zu große Herausforderung an die eigene Backkunst darstellt (wie das bei mir der Fall ist), kann man auch beim Bäcker einen guten Biskuitboden kaufen.

Für die Füllung die Rumrosinen durch ein Sieb gießen, den Rum in einem Gefäß auffangen, die Sahne mit dem Puderzucker und dem Sahnesteif steif schlagen und vom Rosinen-Rum 3 EL vorsichtig unterrühren. Dann zwei Drittel der Sahne in eine Schüssel geben, die restliche Sahne für das Verzieren des Kuchens aufheben. Von den Rumrosinen einige zum Dekorieren auf einen kleinen Teller geben und den Rest vorsichtig unter die zwei Drittel der Sahne heben. Den abgekühlten Biskuitboden zweimal durchschneiden.

Den unteren Boden mit einem Tortenrand umlegen und die Rumrosinen-Sahne darauf streichen. Darauf dann den zweiten Boden legen, ebenfalls mit Rumrosinen-Sahne bestreichen. Den dritten Boden auf den zweiten setzen und darauf das letzte Drittel Sahne (ohne Rumrosinen) verteilen. Den Tortenring entfernen und den Rand mit Sahne bestreichen. Wer mag, kann den Rand mit Schokoladenstreuseln oder – originalgetreuer – mit Krokant verzieren.

Die Oberseite der Torte mit den übrig gelassenen Rumrosinen dekorieren und evtl. mit der Spritztülle Sahnetupfer setzen.

LEKTÜRE-EMPFEHLUNGEN RUND UMS THEMA TEE

Jane Pettigrew & Bruce Richardson, *The New Tea Companion*, Benjamin Press, Perryville, Kentucky, USA, 2015 (nur in englischer Sprache)

Will Battle, *The World Tea Encyclopaedia*, Second Edition, Matador, Kibworth Beauchamp, Leicestershire, UK, 2020 (nur in englischer Sprache)

Marco D'Andrea, *Modern Tea Time*, Südwest Verlag, München, 2021 (in deutscher Sprache)

Patrick Ulmer und Moritz Weber, *TEE – wie man aus Wasser Freude macht*, Franckh-Kosmos Verlags GmbH & Co. KG, Stuttgart, 2014

QUELLENANGABEN

[1] Vgl. https://www.auresa.de/blog/wann-ist-tee-tatsaechlich-tee/ (Zugriff am 11.05.2022).

[2] Vgl. https://www.picotours.de/de/azoren/news/news-details/tee-von-den-azoren.html (Zugriff am 11.05.2022).

[3] Vgl. https://www.die-teeseite.de/tee-aus-cornwall.php (Zugriff am 11.05.2022).

[4] Vgl. Will Battle, The World Tea Encyclopedia (Leicester/UK: Troubadour Publishing, 2017), S. 96f.

[5] Vgl. https://www.tea-exclusive.de/teegeschichte (Zugriff am 23.05.2022).

[6] Vgl. Battle, a.a.O., S. 97.

[7] Vgl. https://www.teeverband.de/ (Zahlen von 2020; Zugriff am 23.05.2022).

[8] Vgl. https://www.teeverband.de/alles-%C3%BCber-tee/tee/tee-sorten/ (Zugriff am 23.05.2022).

[9] Ebd.

[10] Ebd.

[11]Vgl. https://www.expat-news.com/interkulturelle-kompetenzen-ausland/die-chinesische-teekultur-16173 (Zugriff am 23.05.2022).

[12]Vgl. https://www.tee-magazin.de (Zugriff am 23.05.2022).

[13]Vgl. Gong Fu Tea Tips, http://archive.globalteahut.org/article/196 (Zugriff am 23.05.2022).

[14]Vgl. www.japandigest.de/reisen/essen/trinken/ (Zugriff am 30.05.2022).

[15]Vgl. https://www.teegschwendner.de (Zugriff am 30.05.2022).

[16]Wenn Sie sich weitere Einblicke in die Tee-Geschichte und Teekultur Japans wünschen, empfehle ich Ihnen „Das Buch vom Tee" von Kakuzo Okakura, Insel-Bücherei, 2016.

[17]Vgl. www.teeverband.de (Zugriff am 30.05.2022).

[18]Vgl. ebd.

[19]Vgl. Battle, a.a.O., S. 156.

[20]Vgl. www.teeverband.de (Zugriff am 30.05.2022).

[21]Vgl. Jane Pettigrew/Bruce Richardson, The New Tea Companion (Perryville, Kentucky/USA: Benjamin Press, 2008), S. 172ff.

[22]Vgl. ebd., S. 140.

[23]Vgl. https://www.youtube.com/watch?v=8fIeYpdbFHY und https://gogonihon.com/de/blog/teezeremonie-in-japan/ (Zugriff jeweils am 30.05.2022).

[24]George Orwell, A Nice Cup of Tea, Evening Standard, London, 12. Januar 1946.

[25]Vgl. http://chaiwallahsofindia.com/blog/ (Zugriff am 11.05.2022).

[26]Die Familie gibt es wirklich, den Namen habe ich abgeändert (Anm. der Autorin).

[27]Vgl. www.teapedia.org (Zugriff am 10.05.2022).

[28]Vgl. www.teapedia.org, www.auresa.org (Zugriff jeweils am 10.05.2022).

[29]Vgl. Dagmar Schäfer, Der Samowar – Russland lädt zum Tee, Leipzig 2002, S. 20ff.

[30]Ebd., S. 30.

[31]Vgl. https://de.rbth.com/kultur/80980-fakten-russischer-samowar (Zugriff am 10.05.2022).

[32]Vgl. Schäfer, a.a.O., S. 33f.

[33]Vgl. https://www.gartenzauber.com/wie-sich-die-briten-in-den-tee-verliebten/ (Zugriff am 10.05.2022).

[34]Jane Pettigrew, World of Tea, 83Press, Birmingham, Alabama, 2018, S. 183ff.

[35]Vgl. https://adecentcupoftea.de/afternoon-tea-anleitung/ (Zugriff am 10.05.2022).

[36]Vgl. http://www.blackteaworld.com/american-tea-culture.html (Zugriff am 30.05.2022).

[37]Vgl. https://terratee.de/tee-in-einzelnen-landern-usa/) (Zugriff am 30.05.2022).

[38]Vgl. https://www.tea-exclusive.de/teegeschichte (Zugriff am 30.05.2022).

[39]Vgl. https://www.goethe.de/prj/mis/de/lei/21902864.html (Zugriff am 30.05.2022).

[40]Vgl. http://www.blackteaworld.com/american-tea-culture.html (Zugriff am 30.05.2022).

[41]Vgl. https://ratetea.com/region/brazil/54/ (Zugriff am 30.05.2022).

[42]Vgl. https://ratetea.com/region/argentina/65/ (Zugriff am 30.05.2022).

[43]Vgl. www.teeverband.de (Zugriff am 30.05.2022).

[44]Vgl. https://www.wellness-gesund.info/wissen/heilpflanzen/ (Zugriff am 30.05.2022).

[45]Vgl. www.teeverband.de (Zugriff am 30.05.2022).

[46]Vgl. ebd.

[47]Vgl. https://teeverband.de/presse/pressemitteilungen/id-2017/ostfriesische-teekultur-jetzt-offiziell-immaterielles-kulturerbe-in-deutschland/ (Zugriff am 10.05.2022).

[48]Vgl. https://teeverband.de/presse/pressemitteilungen/id-2017/tee-in-deutsch-land-klassiker-mit-zukunft/ (Zugriff am 10.05.2022).

[49]Vgl. https://www.dw.com/de/ostfriesen-weltmeister-teetrinken/a-58986841; https://www.meingenuss.de/magazin/teekultur-in-deutschland (Zugriff jeweils am 10.05.2022).

[50]Vgl. https://teeverband.de/presse/pressemitteilungen/id-2017/ostfriesische-teekultur-jetzt-offiziell-immaterielles-kulturerbe-in-deutschland/ (Zugriff am 10.05.2022).

Die Tee-Reise geht weiter:
www.ronnefeldt.com

TEA EXCELLENCE SINCE 1823